Chinois

Débutants

Hélène Arthus

À propos de ce cahier

Voici une initiation à la langue chinoise – ordre des mots, transcription, écriture – ainsi qu'un grand tour de Chine actuelle et passée.

Le cheminement thématique (voir le sommaire en bas de page) vous projettera dans des situations concrètes, des lieux célèbres ou moins connus de la République populaire de Chine (RPC).

L'apprentissage phonétique part de mots faciles à prononcer. Pas à pas, vous découvrirez la transcription pinyin grâce à quelques approximations pour francophones, notées entre crochets [ ]. Le pinyin permet de chercher sur Internet, de vérifier dans un dictionnaire en ligne le son ◀ ⋲ d'un mot ou d'une syllabe, et finalement de trouver les sinogrammes (caractères chinois) correspondants.

Comment apprendre ? Veuillez suivre la progression des exercices et des explications de chaque chapitre. Le vocabulaire nécessaire à la réalisation des exercices est fourni au fur et à mesure. Par conséquent, il vous suffit d'observer pour avancer et faire sourire ☺ les petits bonshommes de l'auto-évaluation qui vous accompagneront dans vos efforts.

La grammaire chinoise peut se résumer à l'ordre des mots dont vous ne tarderez pas à saisir la logique mot par mot. Ceux-ci sont invariables : ils ne s'accordent ni en genre ni en nombre, les verbes n'ont ni conjugaison, ni temps. Pas de souci !

En revanche - vous le savez déjà - l'écriture est ardue, longue à apprendre et très belle. Nous avons sélectionné 54 signes fréquents liés aux quatre grands thèmes de cet ouvrage. Crayon en main, vous suivrez le fléchage numéroté et vous prendrez sans doute plaisir à tracer ce que les millénaires nous ont transmis. Un mythe ancien dit que Cangjie [tsang-tyé] conçut l'idée d'écrire des signes en observant les empreintes dans la nature, or Cangjie avait quatre yeux, donc ouvrez bien les vôtres !

Sommaire

Cinq végétaux :
1. Bambous : Je veux grandir 3
2. Lotus : Salade croquante 8
3. Thé : La théière disparue 13
4. Herbes : Mes agneaux 18
5. Millet : Un parfum de gruau 24

Quatre minéraux et un élément :
6. Jade : Tu es où, Lilou ? 31
7. Stèles : Un petit congé 38
8. Marbre : C'est loin ? 44
9. Terres rares : Endroit moche 49
10. Carbone : Mines et poussières 55

Quatre villes et une conurbation :
11. Chengdu : Il fait chaud ! 61
12. Xiamen : Pirate ou héros ? 66
13. Chongqing : Pluie et taxi 71
14. Harbin : Ça te dirait d'aller… 76
15. Delta : Tu es d'où, toi ? 81

Cinq animaux du zodiaque :
16. Cheval : Quelle chance ! 87
17. Singe : Tu es de quel signe ? 94
18. Chien : Photos à Shanghai 101
19. Cochon : Je sais pas nager 106
20. Bœuf : Raviolis 111

Annexes :
Progression grammaticale 116
54 sinogrammes fréquents 118
Lexique français-chinois 119
Solutions des exercices 124
Tableau d'autoévaluation 128

1 Bambous

Un mètre de haut

Haute comme trois pommes, A Bao se demande quand elle atteindra enfin un mètre sous la toise. Grâce au jardin d'enfants et à sa grand-mère, elle écrit une centaine de caractères et compte jusqu'à l'infini… Elle sera scolarisée l'an prochain, à 6 ans comme tout le monde. A Bao aime chanter, danser, jouer dans sa cour. Aujourd'hui, ses jambes menues virevoltent, enroulent et déroulent en mille figures à géométrie variable ce long élastique tendu entre deux bambous. Quand Wang Mei la rejoint, le ballet sautillant des deux fillettes se complète et se complique… jusqu'au dîner. Détachant l'élastique, A Bao soulève des feuilles sèches au pied des bambous : les pousses de l'année ne tarderont pas à éclore. Elles poussent si vite ! Bien plus vite que ne grandit la petite fée de l'élastique…

1 Observez les sinogrammes et leur transcription, puis complétez la traduction de la dernière case.

Sinogrammes	Transcription pinyin	Sens
一	**yī**	*un*
米	**mǐ**	*mètre*
高	**gāo**	*haut*
一米高	**yī mǐ gāo**	*un mètre de haut*
三米高	**sān mǐ gāo**	*trois ....*

Mémoriser trois consonnes

La lettre **M** de la transcription pinyin se prononce comme en français : **mǐ**, *mètre*.

La lettre **S** se prononce aussi comme en français : **sān**, *trois*. Par contre, la finale **an** s'entend comme le prénom « Anne ».

La lettre **G** se prononce entre [g] et [k]. Pour l'adjectif **gāo**, *haut*, on entend en fait une syllabe située entre [gao] et [kao].

CHAPITRE 1 : BAMBOUS

2 Associez chaque syllabe chinoise à une syllabe française (ou une suite de lettres).

Syllabes du chinois	Mots étrangers
mi •	• le peuple maori
man •	• madame
gao •	• Ganesh, le dieu éléphant
ma •	• São Paulo
gan •	• mini
sao •	• manager
mao •	• K.O.

Mémoriser trois chiffres

Commençons par les plus faciles à prononcer : **yī**, *un* ; **sān**, *trois* ; **bā**, *huit*.

Mais retenez que ce **B** chinois s'entend entre [b] et [p]. Par conséquent, la syllabe **BA** se prononce entre les mots « bas » et « pas » du français. Lorsque vous ne pouvez plus différencier « bas » de « pas », c'est que vous êtes entre les deux et que vous avez bien prononcé **bā**, *huit*.

« bas » (**BA**) « pas »

Ajoutons à ces trois chiffres le mot **hào** – qui signifie *numéro* – en soufflant très fort 👄 après le **H** ✈ et en réduisant la voyelle **O** → o. Vous prononcerez donc [h'a$_o$].

3号
sān hào
le numéro 3

3 Observez, puis complétez la case vide.

Sinogrammes	Pinyin et approximation française [ ]	Sens
一号	**yī hào** [ii h'a$_o$]	N° 1
三号	**sān hào** [sann h'a$_o$]	N° 3
八号	**bā hào**	....
五号	**wǔ hào** [wou h'a$_o$]	N° 5

CHAPITRE 1 : BAMBOUS

4 Observez, puis complétez la case vide.

Sinogrammes	Transcription pinyin	Sens
宝	**bǎo**	*trésor*
阿宝	**Ā Bǎo**	*un surnom de fillette*
王	**Wáng**	*un nom de famille*
玫	**méi** [meï]	*rose* (fleur)
王玫	**Wáng Méi**	....

Les bambous d'A Bao

Ils sont beaux et très hauts : **hěn gāo** [h'enn gao]. Pour en féliciter A Bao, apprenons à dire le mot **zhúzi**, *bambou*. Deux obstacles à surmonter : **ZH** et **Z** ne se prononcent absolument pas comme un francophone peut se l'imaginer…

Première difficulté : **ZH** s'entend [dj] comme dans « job », « jazz » ou « Django ». Et **Z** fait [dz] comme un moustique agaçant : [dzzzz].

Deuxième difficulté : après **ZH** et **Z**, le **U** s'entend [ou] comme dans **wǔ**, *cinq*, mais le **I** est neutralisé en [eu]. De sorte que **zhúzi** s'entend [djou-dz$_{eu}$].

5 Observez, puis lisez et traduisez la phrase finale.

Sinogrammes	Transcription pinyin	Sens
阿宝	**Ā Bǎo**	*A Bao*
竹子	**zhúzi** [djou-dz$_{eu}$]	*bambou(s)*
你	**nǐ** [ni]	*tu, toi*
你的	**nǐ de**	*ton, ta, tes*
你的竹子	**nǐ de zhúzi**	*tes bambous*
高	**gāo**	*être haut(s), haute(s)*
很高	**hěn** [h'enn] **gāo**	*très haut*

阿宝，你的竹子很高！
Ā Bǎo, nǐ de zhúzi hěn gāo !

....

CHAPITRE 1 : BAMBOUS

La mélodie des syllabes

Lorsque vous voyez un tiret horizontal (Ā, ā) sur une voyelle, il ne s'agit pas d'un accent, mais du premier ton. Le ton est la mélodie de la syllabe, la syllabe tout entière. Le premier ton est haut et constant, comme le son du diapason.

Lorsque vous voyez un chevron inversé (ǎ, ě), il s'agit d'un troisième ton, donc vous prononcerez la syllabe dans les graves. En résumé :

Premier ton haut et constant	—
Troisième ton grave	V

6 Observez les sinogrammes pour chercher dans cette leçon les mots au premier et au troisième ton. Notez-les vous-même en pinyin dans les cases vides.

Sinogrammes	Premier ton —	Troisième ton V
阿宝	Ā	Bǎo
一		
三		
五		
八		
一米		
高		
很高		

Écrire quatre chiffres en traçant huit traits

Le tracé d'un caractère chinois – plurimillénaire – doit suivre la coutume. Pourquoi ? Parce que la coutume suit une logique gestuelle.

C'est ainsi que votre caractère trouvera une assise confortable, des proportions justes, et une beauté partageable.

Pour copier les chiffres de l'exercice 7, vous respecterez l'orientation du fléchage et sa séquence. La règle générale est qu'un caractère chinois se trace :
- de haut en bas ;
- et de gauche à droite.

CHAPITRE 1 : BAMBOUS

7 Repassez sur les signes en bleu selon l'ordre des traits (1 ; 2 ; 3) et le sens des flèches en orange.

Signes, pinyin, sens	Ordre et direction des traits	À vous
一 yī, un	1 →	
二 èr, deux	1 → (haut) ; 2 → (base)	
三 sān, trois	1 → (haut) ; 2 → (milieu) ; 3 → (base)	
八 bā, huit	1 ↙ (gauche) ; 2 ↘ (droite)	

Sept sages de la forêt des bambous

À l'époque des Trois Royaumes (220-280), non loin de la ville de Luoyang (qui existe encore), un bosquet de bambous accueillait un cénacle d'amis penseurs, poètes et musiciens : sept fortes têtes qui aimaient deviser, déclamer et calligraphier des poèmes, jouer de la musique et boire au nom de leur liberté. Ces lettrés mythiques avaient pour principe de se tenir à l'écart du pouvoir politique, parfois de le défier. Ils incarnent aujourd'hui encore l'affranchissement possible des personnes cultivées. L'un d'eux, Xi Kang, un ancien haut dignitaire, fut néanmoins exécuté pour insoumission. Il joua de la cithare jusqu'au dernier instant…

三国	**Sān guó** [gouo]	*Trois Royaumes*
竹林	**zhúlín** [djou-linn]	*forêt/bosquet de bambous*
竹林七贤	**Zhúlín qī** [tch'i] **xián** [ssi'enn]	*les Sept sages de la forêt des bambous*

Bravo, vous êtes venu à bout du chapitre 1 ! Il est maintenant temps de comptabiliser les icônes et de reporter le résultat en page 128 pour l'évaluation finale.

Lotus

Un plat simple

Madame Bai épluche une racine beige rose, puis la sectionne au couteau. Apparaît une chair lisse, blanche et ferme. Chacune des 10 rondelles obtenues comporte un trou central et huit alvéoles creuses en périphérie. Madame Bai prépare-t-elle un décor de Noël ou une salade croquante ? Ni l'un ni l'autre. Une fois blanchi à l'eau bouillante salée, le rhizome découpé en lamelles d'un demi-centimètre d'épaisseur atterrit dans le wok, avec gingembre et piment. La recette s'intitule « Poêlée de racines de lotus ». C'est un plat simple, goûteux et revigorant car riche en vitamines C et B6, en cuivre et potassium.

1 Observez les sinogrammes et leur transcription, puis complétez.

Sinogrammes	Transcription pinyin	Sens
白	**bái ; Bái** [baï]	*blanc* ; nom de famille
太太	**tàitai** [t'aï-t'aï]	....
白太太	**Bái tàitai***	*Madame Bai**

* Comme dans le nom Wang Mei au chapitre 1, le nom de famille vient avant le terme de politesse.

Mémoriser trois diphtongues

Au chapitre 1, nous avons vu la diphtongue **AO** qui s'entend comme dans le mot « aorte » en français.

Dans l'exercice 1 ci-dessus, vous avez prononcé sans difficulté la diphtongue **AI** dans les syllabes **BAI** [baille] et **TAI** [t'aille], mais il faut souffler fort 🗣 après le **T** 🚅 .

Voici une troisième diphtongue : **OU**. On part de **O** auquel on ajoute le son [ou], ainsi obtient-on [o'ou]. Cette diphtongue n'existe pas en français, à moins d'imiter un loup qui hurle à la lune !

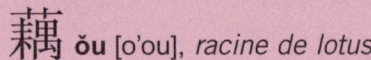

藕 **ǒu** [o'ou], *racine de lotus*

2 Observez, puis lisez et traduisez la phrase finale.

Sinogrammes	Transcription pinyin	Sens
买	**mǎi**	acheter
买了	**mǎi le***	avoir acheté
藕	**ǒu** [oou]	racine(s) de lotus
白太太买了藕。 **Bái tàitai mǎi le ǒu.**		

*Le suffixe verbal 了 **le** indique que l'action est accomplie.

Empathie

Lorsqu'on cherche l'approbation d'autrui, on ajoute en chinois la particule **ba** en fin de phrase. Elle couvre plusieurs fonctions : adoucir le propos, inciter, encourager, négocier, donner son accord. Mais, au fond, il s'agit toujours d'une recherche d'harmonie et d'empathie avec l'entourage.

Dans l'exercice qui suit, nous allons employer **ba** dans trois miniphrases courantes en consolidant trois diphtongues apprises.

3 Observez, puis complétez en pinyin la case vide.

Sinogrammes	Transcription pinyin	Sens
好	**hǎo** [h'a₀]	bon, bien
好吧。	**Hǎo ba.**	D'accord.
走	**zǒu** [dzo'ou]	marcher, partir
走吧。	**Zǒu ba.**	Allez hop, on y va.
来	**lái**	venir
来吧。	....	Allez, viens.

CHAPITRE 2 : LOTUS

Fleur de lotus

La plante aquatique répertoriée comme *Nelumbo nucifera* ne se résume pas à une racine comestible. Sa fleur est même sacrée dans le bouddhisme et le brahmanisme de l'Inde où elle a symbolisé très tôt la pureté s'élevant au-dessus de la fange. En Chine, le Sutra du Lotus fut dès le vi[e] siècle un des enseignements dévotionnels les plus répandus.

La période de floraison du lotus va de juin à septembre, selon la latitude et les variétés bien sûr. Cette *fleur de lotus* se dit **héhuā** (**hé**, *lotus* + **huā**, *fleur*), ce qui se prononce [h'e-h'oua], en soufflant sur chaque H : 荷花很美。 **Héhuā hěn měi.** *Les fleurs de lotus sont très belles.* Remarquez que l'adjectif chinois ne s'accorde pas en genre et en nombre : il est toujours invariable.

Le deuxième ton monte

Qu'est-ce à dire ? Le deuxième ton est représenté par un tiret montant au-dessus d'une voyelle. Il ne s'agit aucunement d'un accent affectant la prononciation de cette voyelle. Par exemple : les syllabes transcrites en pinyin **me**, **le**, s'entendent exactement comme les mots « me », « le » du français. De même, **hé** [re] est proche de la syllabe « re » de « revenir », mais sa mélodie monte ↗ légèrement vers l'aigu.

Un francophone produit naturellement un deuxième ton quand il s'étonne de quelque chose et réagit en disant « Ah ? » pour manifester sa perplexité. Sa voix monte.

Vous connaissez à présent trois tons ou mélodies de syllabe :

Premier ton haut et constant	—
Deuxième ton montant	↗
Troisième ton grave	v

4 Cherchez cinq syllabes au deuxième ton dans les leçons 1 et 2.

Pinyin					
Sens					

Être comme ceci ou comme cela

Le chinois n'utilise pas de verbe « être » pour qualifier un sujet. Pourquoi ? Parce que l'adjectif l'inclut.

Par exemple : **gāo** veut dire *être grand de taille, être haut* ; **hǎo**, *être bien, bon* ; **měi**, *être beau*. L'adjectif a donc en soi un sens verbal.

En revanche, l'adjectif attribut est très souvent précédé de l'adverbe **hěn**, *très*.

CHAPITRE 2 : LOTUS

5 Associez deux à deux ces vignettes pour reconstituer ce que dit cette fourmi.

荷花	很高	很美	竹子
héhuā	hěn gāo	hěn měi	zhúzi

6 Observez, puis lisez et traduisez la salutation finale.

Sinogrammes	Transcription pinyin	Sens
你好。	**Nǐ hǎo.**	*Bonjour* (à toi) (= toi bien).
您好。	**Nín hǎo.**	*Bonjour* (à vous) *Madame.* *Bonjour* (à vous) *Monsieur.*
你们好。	**Nǐmen hǎo.**	*Bonjour* (à vous tous) (= vous bien).

白太太，您好。 **Bái tàitai, nín hǎo.**

Reconnaître un élément graphique

Un même composant graphique apparaît dans différents sinogrammes et ce, pour diverses raisons, que nous expliquerons peu à peu. Commençons par exercer vos yeux à repérer des constantes.

7 Repérez quatre éléments graphiques récurrents dans cette liste :

Sino-grammes	Pinyin	Sens
花	**huā** [h'oua]	*fleur*
荷	**hé**	*lotus*
藕	**ǒu** [o_ou_]	*racine de lotus*
高	**gāo**	*haut*
吧	**ba**	(particule finale d'empathie)

Sino-grammes	Pinyin	Sens
王	**wáng**	*roi* ; nom de famille
玫	**méi**	*rose*
子	**zi/zǐ** [dzeu]	*enfant*
好	**hǎo**	*bon*

Écrire trois caractères usuels

La progression graphique que nous vous proposons en fin de chapitre part des tracés les plus simples et les plus fréquents.
Les deux premiers signes commencent en haut et finissent en bas par un minicrochet remontant.
Le troisième signe part de la gauche. Le trait final du bas va aussi de gauche à droite.

CHAPITRE 2 : LOTUS

8 Repassez sur les caractères en bleu selon l'ordre des traits (1 ; 2 ; 3) et leur orientation.

Signes, pinyin, sens	Ordre et direction des traits	À vous
了 **le**, suffixe verbal	1 ⏋ (trait brisé) ; 2 ↓ (+ crochet final)	了 了 了
子 **zi**, suffixe nominal ; **zǐ**, enfant	1 ⏋ ; 2 ↓ (+ crochet) ; 3 →	子 子 子
口 **kǒu**, bouche, orifice	1 ↓ (gauche) ; 2 ⏋ (trait brisé) ; 3 → (base finale de gauche à droite)	口 口 口

Huit Immortels

Les Huit Immortels sont des divinités-vedettes du taoïsme populaire, souvent présents dans un recoin des restaurants chinois. Cherchez-les : ils forment une troupe aussi vaillante que loufoque ! Voici les attributs servant à les identifier : (1) **Lü Dongbin**, alchimiste et redresseur de torts, porte l'épée, un chasse-mouches et une calebasse. (2) **Un maître taoïste**, patron des peintres et des calligraphes, chevauche un âne. (3) **Un général** replet brandit un curieux éventail qui ranime les morts. (4) **Un aristocrate** en tenue de cour tient une plaquette de jade dont il protège les acteurs. (5) **Le patron des musiciens** joue de la flûte quoi qu'il arrive. (6) **Un boiteux ivre** s'appuie sur une longue canne sans jamais se départir de sa gourde d'alcool. (7) **Un mendiant excentrique** porte un panier de fleurs, il a perdu une chaussure. (8) **He Xiangu**, une orpheline ayant fui les sévices de sa marâtre, est sauvée de la noyade par la potion magique de **Lü Dongbin** : elle tient à la main, même sur un frêle esquif perdu en mer, la haute tige d'une *fleur de lotus* 荷花 **héhuā**.

八仙	**Bā Xiān** [ssienn]	Les Huit Immortels
八仙过海	**Bā Xiān guò** [gou'o] **hǎi**	Les Huit Immortels traversent la mer (un épisode célèbre)
何仙姑	**Hé Xiāngū** [ssienn-gou]	He Xiangu (= He immortel-fille)
何仙姑的荷花	**Hé Xiāngū de héhuā**	Le lotus de He Xiangu

Bravo, vous êtes venu à bout du chapitre 2 ! Il est maintenant temps de comptabiliser les icônes et de reporter le résultat en page 128 pour l'évaluation finale.

3
Thé

Souvenir de théière

Ye Dong avait 4 ans quand la théière de Yixing disparut soudain, avec la boîte de thé Wulong. Vu les troubles de l'époque, on préféra ne pas s'enquérir du destin de ces « objets de luxe » et l'on but de l'eau chaude de 1966 à 1976, jusqu'à la mort du président Mao, en fait.

Ce soir, humant son verre de thé, le vieux Monsieur Ye retourne en pensée à ce logement exigu, partagé par trois générations de sa famille, autour de la théière rouge au fumet mémorable.

De Shanghai, le train met moins de trois heures jusqu'à Yixing, haut lieu de l'argile potière. Il suffit d'acheter le billet sur Internet pour en finir avec la nostalgie !

Une fois sur place, Monsieur Ye découvre une armée de théières, toutes pareilles, toutes différentes. Dûment renseigné, il sait que les usines actuelles de Yixing n'emploient plus d'artisans, mais des ouvriers payés à la pièce. Alors il vérifie tout : le lissage de chaque moulure et chaque joint, l'alignement exact de l'anse et du bec, le poids et l'étanchéité du couvercle, le filtre intérieur prévu pour chaque variété de thé… Il a retenu 18 critères d'excellence et prendra le temps de choisir au mieux.

❶ Observez, puis complétez la case vide.

Sinogrammes	Transcription pinyin	Sens
茶	**chá** [tcha]	....
茶壶	**cháhú** [tcha-hou]	*théière*
喝茶	**hē chá**	*boire du thé*
喝茶吧。	**Hē chá ba.**	*Buvons un thé.*

CHAPITRE 3 : THÉ

Les deux valeurs de la voyelle E

Dans le mot **hē**, *boire*, la voyelle **E** s'entend comme en français dans « retour ». Par contre, **yè**, *feuille* s'entend comme dans le mot « yéti ». Dans l'exercice 2, veillez à bien prononcer **hē** et **yè**.

2 Observez, puis traduisez la phrase finale.

Sinogrammes	Transcription pinyin	Sens
叶	**yè ; Yè**	*feuille* ; un nom de famille
茶叶	**cháyè** [tcha-yé]	*feuille(s) de thé*
叶东	**Yè Dōng**	*Ye Dong* (nom de personne)

叶东喝茶。
Yè Dōng hē chá.

....

Shanghai ville-monde

Shanghai n'était jadis qu'un bourg de tisserands, mais depuis plus d'un siècle, tout y arrive à flux tendu par la mer, la terre et les airs. Au port, beaucoup de produits chinois et étrangers se croisent sans cesse.

Le luxe, banni pendant quatre décennies, y atteint des sommets. De façon générale, la vie économique de ses 25 millions d'habitants et l'offre culturelle de la mégalopole ont suivi un essor exponentiel. S'il est vrai qu'elle repose sur du sable, la ville déborde d'énergie et on peut tout autant y faire fortune dans la mode, le toilettage canin, les nanoparticules ou le cha-cha-cha cubain…

À ce propos, veuillez retenir qu'en pinyin, **CH** [tch] se prononcent comme dans « cha-cha-cha » et **SH** comme dans « show » ou « Shanghai ».

CHAPITRE 3 : THÉ

3 Associez deux syllabes pour redire des mots déjà rencontrés.

chá   shàng   hú   hǎi   hē   yè

a. .... c. ....
b. .... d. ....

4 Reliez une initiale à une finale pour recréer un mot déjà étudié, que vous relirez ensuite à sa traduction.

INITIALE	+	FINALE	=	MOT
Y		A		a. un
S		I		b. trois
SH		E		c. fleur
CH		AN		d. thé
H		UA		e. (nom de famille)

Le quatrième ton descend et il est bref

On le représente par un tiret descendant au-dessus d'une voyelle. Il ne s'agit pas d'un accent grave affectant la prononciation de cette voyelle, mais de la mélodie de la syllabe entière.

Un francophone produit naturellement un quatrième ton quand il intime à son chiot de ne pas manger les pantoufles : « NON ! »

Le quatrième ton est donc abrupt et « plongeant » ↘ parce que la voix descend vite. Pour autant, il n'exprime aucune mauvaise humeur. C'est juste une ressource de la langue pour différencier musicalement certaines syllabes.

En résumé, voici les quatre tons de la langue chinoise :

Premier ton haut et constant	—
Deuxième ton montant	↗
Troisième ton grave	v
Quatrième ton descendant et bref	↘

CHAPITRE 3 : THÉ

Demander le nom d'une personne

Nous allons utiliser un verbe au quatrième ton, **jiào**, *s'appeler*, dont la prononciation est proche de [tyiao]. Nous aurons aussi besoin de l'interrogatif **shénme** ? *quoi ? quel ?*

5 Observez, puis complétez la traduction de la réponse à la question posée.

Sinogrammes	Transcription pinyin	Sens
您	**nín**	*vous*
叫	**jiào** [tyiao]	*s'appeler*
什么?	**shénme ?** [chem-me]	*quoi ?*
您叫什么?	**Nín jiào shénme ?**	*Comment vous appelez-vous ?*
我叫叶东。	**Wǒ jiào Yè Dōng.**	*Je m'appelle* ....

6 Observez, puis traduisez la réponse de Ye Dong à la question du vendeur.

Sinogrammes	Transcription pinyin	Sens
爱	**ài** [aï]	*aimer*
您爱喝什么茶?	**Nín ài hē shénme chá ?**	*Vous aimez boire quel thé ?*
我爱喝乌龙茶。	**Wǒ ài hē Wūlóng chá.**	....

Langue commune et dialecte

Le **W** du pinyin s'entend comme dans les mots « Wi-Fi » ou « whisky ». Le **V** n'existe pas en chinois standard, c'est-à-dire le **pǔtōnghuà**, *la langue commune*, mais il existe en shanghaïen. **Yè Dōng** étant originaire de Shanghai, il parle ce dialecte en famille et la langue commune qu'il a apprise à l'école avec toute personne étrangère à cette ville.

Écrire trois caractères usuels

Apprenons le verbe 叫 **jiào**, *s'appeler*. Il s'écrit en commençant par une bouche 口 en trois traits : 1 ↓ ; 2 ; 3 → (voir chapitre 2). Par définition, on dit que 口 est « la clé » du caractère 叫 **jiào**. Ce qui est assez logique puisqu'il faut bien proférer un son pour dire un nom.

CHAPITRE 3 : THÉ

L'interrogatif 什么 ? **shénme ?** *quoi ? quel ?* est un mot de deux syllabes, donc deux caractères. Mais ici, chaque caractère n'a pas véritablement de sens individuel.

Signes, pinyin, sens	Ordre et direction des traits	À vous
叫 **jiào**, s'appeler	1, 2, 3 囗 ; 4 ↳ (trait brisé) ; 5 ↓	叫　叫　叫
什 **shén**	1 ↙ (à gauche) ; 2 ↓ ; 3 → (à droite) ; 4 ↓	什　什　什
么 **me**	1 ↙ (gauche) ; 2 ∠ ; 3 ↘ (point final)	么　么　么

Le thé et l'encre

Su Shi (1037-1101), aussi connu sous le nom de Su Dongpo, s'illustra dans plusieurs disciplines artistiques et littéraires : poésie, peinture, calligraphie, etc. Ses œuvres de fleurs et d'oiseaux étaient si finement observées qu'à sa suite, de nombreux écrivains se mirent à illustrer leurs textes et les peintres à commenter leurs œuvres. Su Dongpo s'intéressait également à la gastronomie, à la fabrication du vin et au goût du thé.

Un jour, il invita des amis à déguster différents thés jusqu'à ce que l'inspiration leur vienne. Ils se lancèrent alors dans un grand tournoi de poésie, aussi savante qu'expressive. La conversation allait bon train quand l'historien Sima Guang (1019-1086), un des invités, posa une question plaisante à Su Dongpo : « Le meilleur thé est blanc, alors que la meilleure encre est noire. Le meilleur thé semble fort, alors que la meilleure encre semble légère. Le thé doit être savouré frais, alors que l'encre s'améliore avec l'âge. Pourquoi aimes-tu ces deux choses si différentes l'une de l'autre ? » Su Dongpo posa sa plume, but une gorgée de thé et répondit par une double comparaison : « Le meilleur thé et la meilleure encre ont tous deux des parfums et ce sont leurs vertus. Tous les deux sont fermes et c'est leur caractère. Les personnes dignes peuvent avoir différentes couleurs de peau allant du sombre au pâle, être belles ou laides, mais leur vertu et leur conduite sont les mêmes. Ainsi en est-il du thé et de l'encre. »

我爱喝白茶，你呢？

Wǒ ài hē bái chá, nǐ ne ? *J'aime le thé blanc, et toi ?*

Bravo, vous êtes venu à bout du chapitre 3 ! Il est maintenant temps de comptabiliser les icônes et de reporter le résultat en page 128 pour l'évaluation finale.

4 Herbes

Atouts et espoirs

Située en bordure sud de la Mongolie-Intérieure, la région autonome hui (musulmane) du Ningxia est à juste titre considérée comme une des plus pauvres de RPC (République populaire de Chine).

Son agriculture et son élevage comptent pourtant trois atouts : *la réglisse* (甘草 **gāncǎo** = sucrée-herbe), *le goji* (枸杞 **gǒuqǐ**) et *l'agneau* (羊羔 **yánggāo**).

En médecine traditionnelle, la réglisse était prescrite contre les troubles de la digestion et les brûlures d'estomac. La consommation régulière de baies rouges de goji préserverait la vue du vieillissement. Quant à l'agneau du Ningxia, il est apprécié pour sa chair tendre et sa laine vaporeuse.

De nouveaux espoirs de développement ont surgi dans la région : le solaire, l'éolien, la viticulture. Bonne chance au Ningxia !

I Observez, puis complétez.

Sinogrammes	Transcription pinyin	Sens
羊	**yáng**	*mouton/brebis*
毛	**máo**	*fourrure, poil, pelage*
羊毛	....	*laine*

Qu'est-ce qu'un mot générique ?

羊 **yáng** désigne globalement les *ovins* et *caprins*. C'est donc un terme générique auquel on peut ajouter à gauche d'autres caractères pour préciser l'espèce : 山羊 **shānyáng** (= montagne-yáng) est une *chèvre* ou un *bouc*, 羚羊 **língyáng**, une *antilope*, etc.

Remarquez les deux points convergents au sommet de ce caractère 羊 **yáng** : ce sont des cornes de caprins ou cervidés. Tandis que diminue chaque jour le nombre des antilopes sauvages des hauts plateaux de la Chine intérieure, le cheptel de l'élevage ovin et caprin dépasserait 420 millions de têtes (source FAO), ce qui fait de beaux troupeaux dans la steppe herbeuse…

CHAPITRE 4 : HERBES

Les syllabes commençant par CH et C

Nous avons appris l'initiale **CH** avec le *thé* : 茶 **chá** qui s'entend [tcha]. Nous allons la revoir dans le verbe 吃 **chī** [tcheu], *manger*. Abordons tout aussi prudemment l'initiale **C** qui s'entend [ts] comme dans le mot « tsar » ou « tsunami ».

2 Observez, puis complétez.

Sinogrammes	Transcription pinyin	Sens
草	**cǎo** [tsao]	*herbe*
药	**yào**	*médicament*
草药	**cǎoyào**	*herbes médicinales*
吃药	**chī** [tcheu] **yào**	*prendre des médicaments*
吃草	**chī cǎo** [tcheu tsao]	....

Ma Yan veut étudier

Au début des années 2000, dans un village aride du Ningxia, une adolescente écrit son journal dans la nuit. Elle y verse des larmes d'amertume car elle doit abandonner ses études. L'éducation, y compris primaire, est devenue payante sous Deng Xiaoping et la famille Ma n'a pas les moyens de scolariser tous les enfants. Le jour, la jeune fille doit parcourir des kilomètres en quête d'herbe fraîche pour les agneaux qu'elle élève au profit des siens.

Le journaliste Pierre Haski découvre alors la jeune villageoise, puis son journal intime rédigé en chinois très simple : *Le Journal de Ma Yan* paraît à Paris en 2002 et Ma Yan [yenn] reprend le chemin de l'école. Le cauchemar tourne au conte de fées !

En pinyin, le **X** est un phonème chuintant qui s'entend entre « s » et « ch ». 学 **xué**, *apprendre* s'entend entre les mots « suer » et « chuer » de l'ancien français. Après **X**, la voyelle **U** s'entend [ü].

CHAPITRE 4 : HERBES

3 Observez, puis traduisez les phrases finales.

Sinogrammes	Transcription pinyin	Sens
小	**xiǎo** [ssiao]	*petit, jeune*
马	**mǎ ; Mǎ**	*cheval* ; *nom de famille*
小马	**Xiǎo Mǎ**	*la petite Ma* (surnom)
要	**yào**	*vouloir, désirer*
上学	**shàng xué** [ssué]	*aller à l'école*

小马要上学。**Xiǎo Mǎ yào shàng xué.**

....

Sinogrammes	Transcription pinyin	Sens
羊羔	**yánggāo**	*agneau(x)*
要	**yào**	*vouloir, avoir besoin de*
吃草	**chī cǎo**	*manger de l'herbe*

羊羔要吃草。**Yánggāo yào chī cǎo.**

....

4 Cherchez l'ordre des mots pour demander « Qu'est-ce que tu veux manger ? ».

要 **yào**   什么 **shénme**   吃 **chī**   你 **nǐ**

5 Veillez à bien prononcer X, C et CH, puis traduisez la phrase finale.

Sinogrammes	Transcription pinyin	Sens
想	**xiǎng** [ssiang]	*avoir envie de*
菜	**cài** [tsaï]	*plat* ; *légumes*

你想吃什么菜？
Nǐ xiǎng chī [tcheu] **shénme cài ?**

....

CHAPITRE 4 : HERBES

Gengis Khan arrive !

Yinchuan est le chef-lieu de la Région autonome hui du Ningxia. À 40 km de sa mairie actuelle, dans un paysage de lœss sableux jaune orangé, se dressent des mausolées de forme pyramidale : ce sont les tombes royales de la dynastie des Xi Xia (1032-1227). Celle-ci fut fondée par des nomades venus du Tibet – et antérieurement on ne sait d'où – avec leurs troupeaux et leur écriture propre : les Tangoutes. Ces nouveaux venus établirent des relations diplomatiques et économiques complexes mais suivies avec la dynastie chinoise des Song (960-1279).

Gengis Khan, nourrissant de vastes ambitions mongoles, exige des Tangoutes quelques bataillons aguerris. Le refus des chefs Xi Xia (西夏 **Xīxià**) déclenche une vengeance ethnique : Gengis Khan fit piller et raser leur capitale, à titre d'exemple. Dès lors, la terrible réputation de Gengis Khan précéda l'arrivée des hordes mongoles jusqu'à Bagdad. C'est ainsi que la plupart des peuples d'Asie se soumirent à l'envahisseur sans résister.

De nos jours, la « petite » ville de Yinchuan compte presque deux millions d'habitants, dont 75 % de Han et 25 % de Hui musulmans ou autres minorités. Mais il y a fort à parier que les réalités génétiques locales sont plus floues que ne le prétend la mention du « groupe ethnique » sur la carte d'identité chinoise.

Herboriste

神农 **Shen Nong**, *le Divin Laboureur*, aurait inventé l'araire (charrue antique) il y a plus de 5 000 ans… Il est aussi considéré comme le premier herboriste de la tradition médicale chinoise et souvent représenté comme un vieillard costaud vêtu de feuilles. Un mythe célèbre raconte qu'il *goûtait* (尝 **cháng**) toutes les plantes pour les classer selon leur saveur (sucrée, acide, amère, salée, piquante) et bien sûr en tester les effets sur lui-même. Il s'empoisonna ainsi plusieurs fois, ce qui ne l'empêcha pas de vivre 140 ans !

6 Cherchez l'ordre des mots pour évoquer le mythe de Shen Nong.

草	神农	百	尝
cǎo	Shén Nóng	bǎi	cháng
herbe(s)		cent	goûter

CHAPITRE 4 : HERBES

7 Classez ces mots — d'après leur initiale — dans la bonne case du tableau phonétique.

菜 **cài** • 尝 **cháng** • 什么 **shénme** • 三 **sān** • 吃 **chī** • 四 **sì** • 草 **cǎo**

S [s]	SH [ch]	C [ts]	CH [tch]
trois	quoi ? quel ? qu'est-ce que ?	herbe	manger ....
quatre [seu]		plat	goûter (à quelque chose) ....

Écrire trois caractères usuels avec des points différents

Apprenons l'adjectif 小 **xiǎo**, *petit, jeune*. On commence par le trait central avec un crochet remontant vers le trait suivant, à savoir le point gauche. Attention à l'orientation divergente des deux points latéraux.

Dans 羊 **yáng**, *ovin, caprin*, les deux points du sommet convergent vers le bas. Les traits horizontaux ne sont pas de même taille et le trait vertical final n'est pas crochu.

Le sommet de 学 **xué**, *étudier* comporte trois points convergents. Sous l'élément du « toit » ⼍, on retrouve le signe de l'*enfant* 子 **zǐ** du chapitre 2. Ce signe figure donc un enfant qui étudie sous un toit. N'était-ce pas le vœu le plus cher de Ma Yan écrivant son journal ou cherchant de l'herbe fraîche pour ses agneaux ?

Signes, pinyin, sens	Ordre et direction des traits	À vous
小 **xiǎo**, petit, jeune	1 ↓ (crochu) ; 2 ↙ ; 3 ↘	小 小 小
羊 **yáng**, mouton	1 ↘ ; 2 ↙ ; 3 → ; 4 → ; 5 → ; 6 ↓	羊 羊 羊
学 **xué**, apprendre	1, 2, 3 ↘ ↘ ↙ ; 4 ↓ (à gauche) ; 5 → (crochu) ; 6, 7, 8 子 (voir chapitre 2)	学 学 学

CHAPITRE 4 : HERBES

Une liane gracile

Quittons les régions arides de la Chine intérieure du nord pour rejoindre, au sud du fleuve Jaune, une plaine herbeuse et verdoyante. *Le Classique des poèmes* nous y invite par une très ancienne chanson populaire dont le premier vers dit :

野有蔓草   **yě yǒu màn cǎo...**

« Herbe grimpante dans les champs,
Toute chargée de rosée !
Il y a là belle personne,
Radieuse, gracile, charmante !

Herbe grimpante dans les champs,
Toute chargée de rosée !
Par chance je l'ai rencontrée :
Elle est selon mes vœux ! »

Confucius vénérait ce canon de la poésie antique, qui avait recueilli entre le XIe et le Ve siècles avant notre ère plus de trois cents poèmes provenant d'une quinzaine de royaumes différents. La Chine n'était alors pas encore unifiée en un empire.

En tapant en pinyin dans un moteur de recherche **shijing ye you man cao**, vous trouverez les quatre sinogrammes ci-dessus. En les copiant-collant, vous pourrez accéder à la vidéo d'une interprétation actuelle... car ce poème se chante encore, bien sûr, et même en karaoké.

Bravo, vous êtes venu à bout du chapitre 4 ! Il est maintenant temps de comptabiliser les icônes et de reporter le résultat en page 128 pour l'évaluation finale.

5 Millet

Céréale et téléphone

Jiang Beiyu [tjiang beï-yü] a offert un beau téléphone à son *grand-père paternel* (爷爷 **yéye**). Comme celui-ci habite dans le même immeuble, Beiyu lui rend visite en fin de journée pour l'initier aux nombreuses fonctions de l'appareil. Elle en explique chaque usage avec tact et patience, si bien que le grand-père Jiang ne tardera pas à devenir expert…

Mais une question trouble son esprit et sa petite-fille ne sait y répondre : pourquoi ce *mobile* (手机 **shǒujī**) s'appelle-t-il « Millet » ? Quel rapport peut-il y avoir entre une céréale et une marque de téléphone ? Cette pensée le laisse rêveur.

D'autant plus rêveur que son épouse, décédée l'an passé, adorait la bouillie de millet. Elle s'en était nourrie à la naissance de leur fils, comme toute femme accouchée de la Chine nordique d'antan.

Ce soir, au vingt-troisième étage de cette tour, il flotte comme un parfum de gruau. Demain matin, Grand-père cherchera via son téléphone une recette de cuisson du millet.

❶ Observez, puis complétez les cases vides.

Sinogrammes	Transcription pinyin	Sens
蒋	**Jiǎng**	nom de famille
北玉	**Běiyù**	prénom féminin (= nord-jade)
爷爷	**yéye**	*grand-père paternel*
蒋爷爷	………………………	*grand-père Jiang*
国强	**Guóqiáng** [gou'o-tch'iang]	prénom masculin (= pays-fort)
蒋国强	………………………	patronyme et prénom du grand-père
手机	**shǒujī** [sho'ou-tjii]	main-appareil
小米	**xiǎomǐ**	*millet* (= petit-grain)

24

CHAPITRE 5 : MILLET

La série JI - QI - XI

Les consonnes J – Q – X sont immédiatement suivies des deux voyelles I [i] ou U [ü] :

- **JI** [tyii] ➔ **shǒujī**, *téléphone portable* ; **Jiāng** (nom de famille) ; **jiào**, *s'appeler* ; **jiā**, *famille, maison*
- **QI** [tch'ii] ➔ **qī**, *sept* ; **qiáng** [tch'iang], *fort, puissant* ; **qù** [tch'ü], *aller*
- **XI** [ssii] ➔ **xiǎng**, *avoir envie de* ; **xiǎomǐ**, *millet* (= petit-grain) ; **xué** [ssüé], *apprendre*

2 Observez, puis traduisez la phrase finale.

Sinogrammes	Transcription pinyin	Sens
家	**jiā**	*famille, maison*
蒋家	**Jiǎng jiā**	*la famille Jiang*
我家	**wǒ jiā**	*ma famille, chez moi*
北	**běi**	*nord*
北京	**Běijīng**	*Pékin* (= nord-capitale)
住在	**zhù zài**	*habiter à*

我家住在北京。
Wǒ jiā zhù [djou] **zài** [dzaï] **Běijīng.**

....

Une infinité de prénoms ?

En théorie, le nombre des prénoms possibles tend vers l'infini puisque les caractères choisis proviennent d'un immense corpus. Faites-en l'expérience en consultant par exemple la syllabe **BEI** dans un dictionnaire en ligne : vous trouverez au minimum 30 entrées lexicales, à des tons différents. Il va sans dire que certains signes seraient inappropriés, voire néfastes pour un prénom : qui voudrait choisir pour son rejeton 卑 **bēi**, *lamentable*, 杯 **bēi**, *tasse*, ou encore 悲 **bēi**, *souffrance* ?

En pratique, on retrouve les mêmes signes dans différents prénoms, par exemple 玉 **yù**, *jade*, plutôt pour les filles et 昱 **yù**, *brillance*, plutôt pour les garçons. Mais à l'oreille, cette syllabe **yù** n'est pas genrée.

La ou les deux syllabes-caractères choisies pour créer un prénom doivent former un tout plaisant avec le patronyme, à l'oreille, à la vue et à l'imagination. Certains prénoms évoquent un lieu, une saison, une époque : **Beiyu** est peut-être née à Pékin (**Běijīng**) et Jiang Guoqiang (= pays fort) est sans doute né vers 1964, quand la Chine lança ses premiers essais nucléaires…

CHAPITRE 5 : MILLET

3. Observez, puis traduisez la phrase finale.

Sinogrammes	Transcription pinyin	Sens
妈妈	**māma**	*mère, maman*
我去	**wǒ qù** [tch'ü]	*je vais*
爷爷家	**yéye jiā**	*chez le grand-père*

北玉：妈，我去爷爷家。
Běiyù : Mā, wǒ qù yéye jiā.

....

妈妈：好吧。
Māma : Hǎo ba.

....

4. Observez, puis traduisez le compliment de Beiyu à son grand-père.

Sinogrammes	Transcription pinyin	Sens
小米粥	**xiǎomǐzhōu** [djo'ou]	*bouillie de millet*
很	**hěn**	*(être) très*
香	**xiāng**	*sentir bon, (être) parfumé*
你的	**nǐ de**	*ton* (= de toi)

北玉：爷爷，你的小米粥很香！
Běiyù : Yéye, nǐ de xiǎomǐzhōu hěn xiāng !

....

Ton grave et ton haut

Avez-vous remarqué que vous connaissez à présent deux mots transcrits **XIANG** ? Attention, ils n'ont pas le même ton : **xiǎng**, *avoir envie de* (3ᵉ ton, grave) et **xiāng**, *qui sent bon* (1ᵉʳ ton, haut et continu). Il vous faut donc vocaliser un peu… pour passer du grave à l'aigu !

xiǎng   xiāng

Millet des oiseaux… aux pommes

Quelle est la recette trouvée sur Internet par Jiang Guoqiang ? Une précision préalable : le millet dont il s'agit ici est le *Setaria italica* (qui n'est pas italien à l'origine). Ce « millet des oiseaux », il se peut que vous deviez aller le chercher au fond d'un supermarché entre croquettes et litières… Il se vend en bouquet d'épis jaunes dans un sachet transparent, il ne vous ruinera pas et vous régalera, vous ou quelques oiseaux alentour…

Lavez abondamment les épis au-dessus d'un tamis car les grains très fins se détachent. Prévoyez trois volumes d'eau pour un volume de grains à verser dans l'eau bouillante. Après ébullition, réduire le feu et remuer avec une cuillère en bois pendant 20 minutes. On ajoutera à volonté un peu de *riz blanc* (白米 **báimǐ**), de *pomme* (苹果 **píngguǒ**) ou de patate douce râpée, quelques dattes tranchées ou raisins secs. Suivez votre fantaisie. Certains sucrent, d'autres pas. On sucre peu en Chine.

5 Observez, puis traduisez la confidence du grand-père.

Sinogrammes	Transcription pinyin	Sens
想吃	**xiǎng chī** [tcheu]	*avoir envie de manger*
苹果	**píngguǒ** [gou'o]	*pomme(s)*
昨晚	**zuówǎn** [dzou'o-wann]	*hier soir*

我昨晚很想吃苹果小米粥！
Wǒ zuówǎn hěn xiǎng chī píngguǒ xiǎomǐzhōu !

....

Tu habites à Pékin ?

Lorsqu'une question (fermée) appelle une réponse en « oui » ou « non », elle se termine par l'interrogatif 吗 ? **ma ?** qui équivaut à « Est-ce que… ? » en français. Retenez que cet interrogatif en fin de phrase fonctionne comme un point d'interrogation oral :

你住在北京吗?
Nǐ zhù zài Běijīng ma ?

Est-ce que tu habites à Pékin ?

CHAPITRE 5 : MILLET

6 Cherchez l'ordre des mots.

| 想 xiǎng | 吗? ma ? | 吃 chī | 你 nǐ | 小米粥 xiǎomǐzhōu |

Près et pratique

Dans les quartiers urbains actuels, plusieurs portiques donnent accès à un groupe d'immeubles (très hauts et très semblables) avec espaces verts et équipements sportifs. Chaque bâtiment a un numéro et chaque porte une lettre. Des gardiens veillent aux portiques : on est en Chine. Ils peuvent donc vous orienter. Sinon, renseignez-vous à la blanchisserie, à l'échoppe de fruits, chez la marchande de soupe, etc. Les petits commerçants du « quartier » – qu'on nommerait « cité » en France – livrent souvent à domicile. C'est pourquoi ils renseignent mieux que les habitants eux-mêmes.

7 Observez, puis traduisez la phrase finale.

Sinogrammes	Transcription pinyin	Sens
很近	**hěn jìn** [tjiin]	*tout près*
很方便	**hěn fāngbiàn** [fang-bienn]	*très pratique*
楼	**lóu** [lo'ou]	*immeuble, bâtiment*

我住7楼A，爷爷住7楼B，很近，很方便。
Wǒ zhù qī lóu ei*, yéye zhù qī lóu bi*, hěn jìn, hěn fāngbiàn.

*Les lettres de l'alphabet se prononcent à l'anglaise.

CHAPITRE 5 : MILLET

8 Écrivez en pinyin les mots connus commençant par J – Q – X.

J	Q	X
appeler, s'appeler*	aller	parfumé
près, proche	sept	avoir envie de
famille	fort, puissant	petit
Pékin		apprendre
téléphone portable		

*En cas d'oubli, pensez à consulter le lexique français-chinois en fin d'ouvrage.

Tracer trois signes assez symétriques

Le signe 米 **mǐ** est commun à certaines céréales : 小米 **xiǎomǐ** *millet* ; 大米 **dàmǐ** *riz* ; 米饭 **mǐfàn** *riz cuit*. À l'origine, il figurait de façon stylisée les grains d'un épi. Comme nous l'avons vu au chapitre 1, 米 **mǐ** est utilisé pour désigner phonétiquement la mesure du mètre, ou « meter » en anglais. L'axe vertical médian (trait n° 4) doit couper l'horizontal en son milieu.

玉 **yù** *le jade* : les trois traits horizontaux ne sont pas de même largeur. La base se trace en dernier et il faut éviter de la croiser avec le vertical médian.

国 **guó** *pays* : ce signe a été simplifié. Il inclut le jade dans une enceinte carrée, mais la base (trait n° 8) se trace en dernier aussi. Nous verrons plus loin l'importance du jade en Chine ancienne.

CHAPITRE 5 : MILLET

Signes, pinyin, sens	Ordre et direction des traits	À vous		
米 **mǐ**, *grain*	1 ↘ ; 2 ↙ ; 3 → ; 4 ↓ ; 5 ↙ ; 6 ↘	米	米	米
玉 **yù**, *jade*	1 → ; 2 → ; 3 ↓ ; 4 ↘ (point) ; 5 → (base)	玉	玉	玉
国 **guó**, *pays*	1 ↓ ; 2 ⌐ ; 3, 4, 5, 6, 7 玉 (jade) ; 8 → (base)	国	国	国

Prince Millet

À ce jour, c'est en Mongolie-Intérieure que les plus anciens grains entiers de millet pétrifié ont été exhumés. Ils auraient 8 000 ans d'âge. Cependant, dans la province du Hebei, des traces de millet ont été repérées sur des meules remontant à 10 000 BP (« before present »). Cette graminée est donc considérée actuellement comme originaire de Chine néolithique. Une fois cultivée, elle se serait diffusée peu à peu vers la mer Noire, d'où elle aurait gagné l'Europe. Dans le sud de la France, on en consommait jadis en gruau ou galettes.

Un mythe attribue au prince Millet (Houji) la domestication de cette graminée sous le règne du vertueux empereur Yao, dont il devint ministre de l'agriculture. Par la suite, la dynastie Zhou (1046-256 avant notre ère) lui voua un culte dans l'espoir de récoltes abondantes, le considérant même comme l'ancêtre de leur lignée.

Houji naquit miraculeusement après que sa mère eut posé ses pieds dans les empreintes d'un géant. Abandonné plusieurs fois, le bébé échappa chaque fois à son triste sort : les bêtes de trait l'évitèrent sur un sentier étroit, des forestiers le recueillirent et le rendirent à sa mère, un grand oiseau le couva pour qu'il ne gèle pas.

D'après l'historien Sima Qian, au terme de tant d'épreuves, la mère de Houji fut enfin convaincue de la force de son destin. Elle le surnomma « Abandonné » puis l'éleva.

Bravo, vous êtes venu à bout du chapitre 5 ! Il est maintenant temps de comptabiliser les icônes et de reporter le résultat en page 128 pour l'évaluation finale.

6
Jade

Meubles et bijoux

De passage à Shanghai, la joaillière Lilou appelle Madame Pan, une collègue styliste. Pan Xiaoyu (小羽 **Xiǎoyǔ**, « petite-plume ») connaît les goûts de Lilou. C'est pourquoi elle suggère à la visiteuse d'aller en priorité au *musée de Shanghai* (上海博物馆 **Shànghǎi bówùguǎn**) où elle trouvera un audioguide en français, ce qui lui facilitera l'approche des œuvres et objets exposés.

L'étage consacré aux superbes vases rituels antiques en bronze n'est pas d'un abord facile pour une personne étrangère… Sachant cela, Madame Pan recommande chaudement l'ébénisterie d'époque Ming : des salons ont été reconstitués avec leurs *meubles* (家具 **jiājù**) de facture classique.

Quand Lilou demande si les collections comptent aussi des bijoux anciens, Pan Xiaoyu la guide par téléphone jusqu'à la salle des gemmes car elle se souvient d'y avoir vu quelques petites merveilles de *jade blanc* (白玉 **bái yù**).

❶ Observez, puis traduisez la phrase finale.

Sinogrammes	Transcription pinyin	Sens
我	**wǒ**	*je*
去	**qù** [tch'ü]	*aller à*
上海	**Shànghǎi**	*Shanghai*
博物馆	**bówùguǎn** [gouann]	*musée*

我去上海博物馆。
Wǒ qù Shànghǎi bówùguǎn.

....

31

CHAPITRE 6 : JADE

2 Observez, puis complétez.

Sinogrammes	Transcription pinyin	Sens
羽	**yǔ** [yü]	*plume*
小羽	**Xiǎoyǔ**	*Petite Plume* (un prénom)
白	**bái**	*blanc, blanche*
玉	**yù**	*jade*
白玉	....	*jade blanc*
蓝	**lán** [lann]	*bleu, bleue*
天	**tiān** [t'ienn]	*ciel*
云	**yún** [yünn]	*nuage(s)*
蓝天白云	....	*ciel bleu et nuages blancs, temps idéal*

Le déterminant précède le déterminé

Dans l'exercice 2, vous avez sans doute remarqué que l'adjectif (déterminant) précède toujours le nom (déterminé). L'ordre des mots chinois pour décrire une météo parfaite est donc « bleu ciel blanc nuage ». Retenez l'ordre des mots {adjectif + nom}.

De même, le nom déterminant précède le nom déterminé. C'est ainsi que l'on forme un complément de nom. Par exemple : 上海博物馆 **Shànghǎi bówùguǎn**, *le musée de Shanghai* ; 明代家具 **Míngdài jiājù**, *les meubles d'époque Ming* (= Ming-époque maison-ustensile). L'ordre des mots chinois est donc inverse au français : {nom déterminant + nom déterminé}.

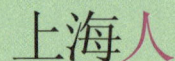

Shànghǎirén [jenn]
les gens de Shanghai
les Shanghaïens

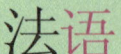

fǎyǔ
la langue française
le français

Observez, puis traduisez les deux phrases finales.

Sinogrammes	Transcription pinyin	Sens
学过	**xué-guo** [gou'o]	*avoir (déjà) appris, connaître*
法语	**fǎyǔ**	*le français, la langue française*
汉语	**hànyǔ** [h'aan-yü]	*le chinois (la langue des Han)*

潘小羽学过法语。
Pān Xiǎoyǔ [p'ann ssiao-yü] **xué-guo fǎyǔ.**

....

李璐要学汉语。
Lǐ Lù [li lou] **yào xué hànyǔ.**

....

La série JU – QU – XU – YU

Après les consonnes **J – Q – X** et **Y**, la voyelle **U** du pinyin se prononce toujours [ü] :
JU [tyü] ➜ **jiājù**, *meuble, mobilier*
QU [tch'ü] ➜ **qù**, *aller à*
XU [ssü] ➜ **xué** [ssüé], *apprendre*
YU [yü] ➜ **yǔ**, *plume* ; **hànyǔ**, *langue chinoise* ; **bái yù**, *jade blanc* ;
      yuè, *lune, lunaison*

Dans toute autre syllabe, **U** se prononce [ou]. Par exemple, dans ce chapitre :
WU [wou] ; **LU** [lou] ; **GUO** [gou'o] ; **YOU** [yo'ou] ; **SHOU** [sho'ou]

CHAPITRE 6 : JADE

La preuve par le son !

Avez-vous remarqué les homophones 羽 **yǔ**, *plume* et 语 **yǔ**, *langue* ? Les sinogrammes diffèrent mais la prononciation est identique (troisième ton grave noté v). À l'oral, seul le contexte permet de les distinguer. En cas d'ambiguïté, on aura alors recours à un mot de deux syllabes : 羽毛 **yǔmáo**, *plume* et 语言 **yǔyán**, *langue*.

Par contre, 白羽 **báiyǔ**, *plume blanche* et 白玉 **báiyù**, *jade blanc* ne sont pas des homophones puisque le ton de la syllabe **YU** change !

Voulez-vous vérifier la différence entre ton grave et ton descendant sur la même syllabe ? Voici un chemin simple : mdbg.net/chinese/dictionary ➜ taper **yu** en pinyin + **Go** ➜ chercher visuellement le sinogramme 羽 **yǔ** (en fait deux petites ailes emplumées) et cliquer sur les chevrons [>>] ➜ cliquer sur le haut-parleur pour obtenir sa prononciation. Puis chercher le sinogramme 玉 **yù** pour comparer.

4 Observez, puis traduisez la question que pose Lilou à un gardien du musée.

Sinogrammes	Transcription pinyin	Sens
有	**yǒu** [yo'ou]	*avoir, il y a*
有吗?	**Yǒu ma ?**	*Est-ce qu'il y (en) a ?*
首饰	**shǒushì** [sho'ou-sheu]	*bijou(x)*

白玉首饰有吗?
Bái yù shǒushì yǒu ma ?

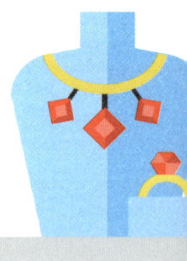

5 Le gardien n'a pas compris Lilou. Est-ce dû à une petite erreur de ton ? Bref, il repart d'une question plus générale. Cherchez l'ordre des mots de sa question.

想	看	什么?	您
xiǎng	**kàn** *regarder*	**shénme ?**	**nín** *vous*

CHAPITRE 6 : JADE

6 Voici 13 verbes courants. Notez-les en pinyin avec les tons dans ce tableau.

1er ton —	2e ton /	3e ton v	4e ton \	
manger	étudier	avoir	vouloir	habiter
boire	venir	avoir envie de	s'appeler	regarder
		acheter	aimer	aller à

7 Pan Xiaoyu appelle Lilou. Observez, puis déchiffrez leur échange.

Sinogrammes	Transcription pinyin	Sens
喂？	**Wei ?**	Allô ?
是	**shì** [sheu]	être (quelqu'un ou quelque chose)
在	**zài** [dzaï]	se trouver à, être (quelque part)
哪里？	**nǎli ?**	où ?
太好了	**tài hǎo le**	c'est très gentil (= trop bien)
小羽：喂？李璐？	1. **Xiǎoyǔ : Wei ? Lǐ Lù ?**	
李璐：是我。	2. **Lǐ Lù : Shì wǒ.**	
小羽：你在哪里？	3. **Xiǎoyǔ : Nǐ zài nǎli ?**	
李璐：在上海博物馆。	4. **Lǐ Lù : Zài Shànghǎi bówùguǎn.**	
小羽：(en français)	5. *Je t'attendrai à midi à la sortie du musée, je t'invite à déjeuner, d'accord ?*	
李璐：太好了！	6. **Tài hǎo le !**	

CHAPITRE 6 : JADE

Tracez un soleil et une lune

Vous voici initié aux traits fondamentaux de l'écriture chinoise. Comme dans les chapitres 1-5, l'ordre des traits est ici numéroté, mais directement sur le caractère grossi. Observez-le pour repasser sur les modèles en gris.

Le pictogramme 日 **rì** [jeu] représente un *soleil* et 月 **yuè** une *lune*. Dans ce chapitre, ces deux pictogrammes se trouvent inclus dans deux signes plus complexes. Le verbe 是 **shì**, *être* comporte un soleil en haut et 有 **yǒu**, *avoir* comporte une lune en bas.

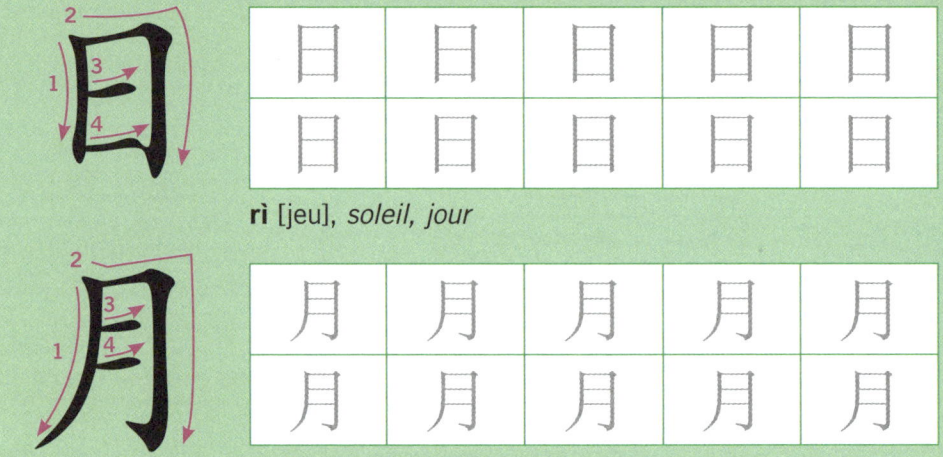

rì [jeu], *soleil, jour*

yuè, *lune, lunaison, mois*

Ce nouvel exercice d'écriture vise à vous apprendre à changer d'échelle sans changer de proportions, ce qui est loin d'être facile !

CHAPITRE 6 : JADE

Noblesse du jade

Sous les Han occidentaux (206 av. J.-C. - 9 apr. J.-C.), la haute aristocratie embaumait certains membres de la famille royale dans une *parure de jade* (玉衣 **yùyī**). Ainsi le troisième prince de Chu fut inhumé dans un linceul constitué de 4 248 plaquettes de jade blanc, reliées par 1 576 kg de fils d'or ! Une cigale de jade obturait la bouche du défunt en signe de protection. On attribuait en effet à ce minéral des vertus de pureté et de noblesse naturelle. D'après le dictionnaire 说文解字 **Shuō wén jiě zì**, compilé vers l'an 100 de notre ère, le jade incarne cinq vertus : « Sa douceur lisse et son éclat discret évoque la bienveillance ; ses veines internes se voient en surface, c'est le principe de la rectitude ; le son clair qu'il rend porte loin, c'est la norme de la prudence ; il refuse de plier et préfère se casser, ce qui symbolise la bravoure ; ni sa pointe ni son tranchant ne blessent, le jade est un modèle d'intégrité. »

Le jade blanc – qu'apprécie Lilou – provient de Hetian (Hotan ou Khotan) au Xinjiang, où les artisans sculptent, cisèlent et polissent depuis des millénaires les gemmes variées de la rivière. Les ateliers se visitent et on peut y apprendre à distinguer le vrai du frelaté !

Nombre d'objets cultuels antiques furent fabriqués en jade de différentes teintes. Les plus étonnants sont les 玉琮 **yùcóng** : un objet allongé, évidé et gravé de motifs récurrents. Ces tubes, carrés à l'extérieur et cylindriques à l'intérieur, sont typiques de la culture de Liangzhu (3400-2250) au néolithique final dans le delta du fleuve Yangtse. Les quatre arêtes sont souvent ornées d'yeux globuleux avec une bouche inquiétante, comme certains masques mayas... Un autre artefact de jade remontant au néolithique est le 玉碧 **yùbì**, un disque percé en son centre. Celui-ci a traversé les âges et se porte miniaturisé en pendentif jusqu'à aujourd'hui. Les significations originelles de ces objets finement ouvragés restent inconnues.

cóng **bì**

Bravo, vous êtes venu à bout du chapitre 6 ! Il est maintenant temps de comptabiliser les icônes et de reporter le résultat en page 128 pour l'évaluation finale.

Stèles

Calligraphie

Aujourd'hui, dimanche, le plus jeune de la famille Wang s'initie à la calligraphie de style kaishu. La police de caractères utilisée pour le présent cahier d'exercices provient de ce style-là : classique, droit, bien lisible.

Concentré, bouche ouverte, l'écolier pose lentement son pinceau encré, puis le glisse sur les huit traits (笔画 **bǐhuà**) fondamentaux du modèle. Son grand-père a promis de l'emmener à la Forêt des stèles de Xi'an (西安 **Xī'ān** = ouest-paix) et il ne reste que trois dimanches avant les congés de la *semaine d'or* (黄金周 **huángjīnzhōu** = jaune-or-semaine). Après quelques lignes de traits fondamentaux, la petite main se détend et le tracé devient plus net. Wang Helin aura mérité son voyage à Xi'an, fameuse capitale de la dynastie Tang (618-907).

Les jours de la semaine

La semaine commence le dimanche : 周日 **zhōurì** [djo'ou-jeu], *dimanche*.
Ensuite, il suffit de savoir compter jusqu'à 6 pour énumérer tous les jours de la semaine :

一	**yī**, *un*	周一	**zhōuyī**, *lundi*
二	**èr**, *deux*	周二	**zhōu'èr**, *mardi*
三	**sān**, *trois*	周三	**zhōusān**, *mercredi*
四	**sì** [seu], *quatre*	周四	**zhōusì**, *jeudi*
五	**wǔ**, *cinq*	周五	**zhōuwǔ**, *vendredi*
六	**liù** [liou], *six*	周六	**zhōuliù**, *samedi*
		周末	**zhōumò**, *week-end*

CHAPITRE 7 : STÈLES

1 **Observez, puis traduisez la phrase finale.**

Sinogrammes	Transcription pinyin	Sens
今天	**jīntiān** [tyinn-t'ienn]	*aujourd'hui* (= présent-jour)
周	**zhōu** [djo'ou]	*semaine ; cycle*
周日	**zhōurì** [djo'ou-jeu]	*dimanche* (= semaine-soleil)
明天	**míngtiān**	*demain* (= clarté-jour)
周一	**zhōuyī**	*lundi* (= semaine-un)

今天是周日，明天是周一。
Jīntiān* shì zhōurì, míngtiān* shì zhōuyī.

....

*Les repères temporels se placent en tête de phrase.

La série ZHI – CHI – SHI – RI

Qu'imagine un francophone lorsqu'il lit la syllabe **RI** ? Quelqu'un qui « rit » ou qui mange du « riz »... Eh bien il a tout faux, parce que le **R** du pinyin est traître : il se prononce comme le « j » du français et la syllabe **RI** s'entend [jeu], comme dans 周日 **zhōurì**, *dimanche*.

Dans la série **ZHI** [djeu] – **CHI** [tcheu] – **SHI** [sheu] – **RI** [jeu], le **I** est toujours neutralisé en [eu].

Remarquez encore que la syllabe **REN** [jenn] se prononce entre les mots « jeune » et « gène » du français : **Shànghǎirén**, *les gens de Shanghai* ; **Bālírén**, *les Parisiens*.

2 **Observez, puis traduisez la phrase finale.**

Sinogrammes	Transcription pinyin	Sens
王河林	**Wáng Hélín** [he-linn]	*Wang Helin* (= fleuve-forêt)
写	**xiě** [ssié]	*écrire*
书法	**shūfǎ** [chou-fa]	*calligraphie*

今天王河林写书法。
Jīntiān Wáng Hélín xiě shūfǎ.

....

CHAPITRE 7 : STÈLES

Fleuve et forêt

Le prénom de l'enfant évoque la mixité géographique des couples urbains actuels en associant deux caractères : 河林 **Hélín** (= fleuve-forêt). En effet, sa mère est native du 河南 **Hénán**, une province de la Plaine centrale. La lignée paternelle est originaire de la province du 吉林 **Jílín**, dans le nord-est de la Chine. Mais la famille 王 **Wáng** s'est installée à Pékin où le *grand-père paternel* (爷爷 **yéye**) a rejoint son fils, sa belle-fille et son petit-fils.

3 Observez, puis complétez la transcription des trois phrases finales.

Sinogrammes	Transcription pinyin	Sens
东	**dōng**	*est, à l'est*
东北	**Dōngběi**	*Région nord-est* (= est-nord)
人	**rén**	*personne, quelqu'un, humain*
河	**hé**	*fleuve*
河南	**Hénán**	*nom de province* (= fleuve-sud)
现在	**xiànzài**	*maintenant, à l'heure actuelle*

王爷爷是东北人。
Wáng yéye shì dōngběi ....

王河林的妈妈是河南人。
Wáng Hélín de māma shì ....

现在王家住在北京。
Xiànzài .... **jiā zhù zài Běijīng**.

CHAPITRE 7 : STÈLES

 Helin a très envie de voir l'armée de terre cuite de Xi'an. Trouvez l'ordre des mots pour formuler ce souhait.

很想	看	西安的兵马俑	我
hěn xiǎng	kàn *voir*	Xī'ān de bīngmǎyǒng *	wǒ

....

* 兵马俑 **bīng**, *soldats* + **mǎ**, *chevaux* + **yǒng**, *statues funéraires*. Il s'agit de figurines de bois et de terre cuite qui furent ensevelies à la gloire du premier empereur qui unifia la Chine en l'an -221 avant notre ère.

Ordre inverse dans un miroir

Examinons deux syntagmes où l'ordre des mots est inverse en chinois et en français. Pourquoi ? Parce que le déterminant doit précéder le nom déterminé en chinois :

王河林的妈妈
Wáng Hélín de māma

la mère de Wang Helin

西安的兵马俑
Xī'ān de bīngmǎyǒng

les statues de guerriers et de chevaux de Xi'an

Vous avez sans doute remarqué qu'entre le déterminant et le déterminé, la particule chinoise (的 **de**) et la préposition française (*de*) assurent l'articulation. Ces deux-là se ressemblent comme deux gouttes d'eau…

41

CHAPITRE 7 : STÈLES

5 Quelle est la question que Helin pose à son grand-père ? Trouvez l'ordre des mots.

你去	想看	西安	什么?	爷爷,
nǐ qù	**xiǎng kàn**	**Xī'ān**	**shénme ?**	**Yéye,**
tu vas	*souhaiter voir*	*(= ouest-paix)*	*quoi ?*	*Grand-père,*

....

....

Tracé des signes

rén [jenn], *homme, humain* (un bipède qui marche)

tiān [tienn], *ciel, jour*

shí [sheu], *pierre, en pierre*

CHAPITRE 7 : STÈLES

Chronologie des actes

La langue chinoise de communication courante tend à calquer l'ordre des mots sur la chronologie des faits et des actes : 去西安看兵马俑 **qù Xī'ān kàn bīngmǎyǒng**, *aller à Xi'an (pour) voir l'armée de terre cuite.*

Ou encore : 上网看西安的兵马俑 **shàng wǎng kàn Xī'ān de bīngmǎyǒng**, *aller sur Internet (pour) voir l'armée de terre cuite de Xi'an.*

Calligraphier une stèle

Finalement, nos deux voyageurs ont pris l'avion de Pékin à Xi'an tôt le matin. Helin a pu observer le lever du soleil sur le jaune orangé des paysages de *lœss* (黄土 **huángtǔ** = jaune-terre), ainsi que le *fleuve Jaune* 黄河 (**Huánghé** = jaune-fleuve) et le barrage de Xiaolangdi qui permet d'alimenter en eau le vieux fleuve qui s'assèche, malheureusement.

Helin s'est senti minuscule devant la gigantesque armée fossile du fondateur de l'empire chinois. La reconstitution et la mise en scène du char impérial en bronze l'ont laissé sans voix. Quant aux magasins de souvenirs, il y a sacrifié sa tirelire pour une statuette : un archer en carton-pâte.

Comme prévu, les trois jours de visite à Xi'an s'achèvent aujourd'hui à la Forêt des stèles. Le grand-père guide Helin jusqu'à une stèle de marbre noir où fut gravée une œuvre du grand calligraphe du début des Tang, Ouyang Xun (557-641). Le garçon connaît fort bien cette superbe écriture qui sert de modèle dans de nombreux cahiers d'exercices calligraphiques, en particulier le sien : son cahier du dimanche !

Le grand-père explique comment 欧阳询 **Ōuyáng Xún** trempa son pinceau dans une encre de cinabre (sulfure de mercure) pour calligraphier en rouge directement sur la pierre qu'un graveur creusa ensuite le plus fidèlement possible. Depuis lors, la stèle fut souvent encrée en noir et copiée sur papier par estampage. Et voilà comment, bien avant l'ère photographique, les *traits* (笔画 **bǐhuà** = pinceau-dessin) simples, élégants et précis de la main du maître furent transmis aux gamins de la Chine, à travers les siècles.

Bravo, vous êtes venu à bout du chapitre 7 ! Il est maintenant temps de comptabiliser les icônes et de reporter le résultat en page 128 pour l'évaluation finale.

8
Marbre

Marbre et métro

John a réservé une chambre calme et aérée à Fangshan, au sud-ouest de Pékin. Il logera tout près du célèbre site de Zhoukoudian, où fut exhumé un *Homo erectus* connu sous le nom d'Homme de Pékin. De fait, John est biogéologue et il s'intéresse non pas aux crânes du paléolithique, mais aux microfossiles des marbres et plus généralement aux avancées actuelles de la chimie minérale.

Débarquement à l'aéroport international situé au nord-est de l'agglomération pékinoise, à l'opposé de sa destination. John prend le métro express qui le mène jusqu'à la ligne périphérique 10. Ensuite, il contournera tout le centre de la capitale par le nord ou par le sud, puis prendra la ligne de Fangshan.

Au XVe siècle, les carrières de Fangshan fournirent du *marbre blanc* (汉白玉石 **hànbáiyùshí**) pour la construction des escaliers monumentaux de la Cité interdite (**Gùgōng** = ancien-palais). Les immenses plaques étaient acheminées l'hiver sur des sentiers gelés à dessein : 50 km de distance, 20 jours de glissade, avant que les blocs taillés ne soient sculptés de nuages, de phénix et de dragons, sur place au futur palais impérial.

❶ Observez, puis traduisez la question et la réponse finales.

Sinogrammes	Transcription pinyin	Sens
哪儿?	**nǎr ?***	*où ?*
山	**shān**	*colline, montagne*
远	**yuǎn**	*loin*

你去哪儿?
Nǐ qù nǎr ?

....

我去房山。很远!
Wǒ qù Fángshān. Hěn yuǎn !

....

*Équivaut à **nǎli ?** (chapitre 6).

Qualifier, identifier ou localiser ?

Omniprésent en français, le verbe « être » sert entre autres fonctions à qualifier, à identifier et à localiser :

Qualifier	Identifier	Localiser
C'est loin.	C'est un Américain.	Il est à Fangshan.
很远。	他是美国人。	他在房山。
Hěn yuǎn.	**Tā shì Měiguórén.**	**Tā zài Fángshān.**

- Remarquez que pour qualifier, le chinois n'utilise pas le verbe 是 **shì** [sheu], tout simplement parce que l'adjectif 远 **yuǎn** signifie en soi *être éloigné*.
- Pour identifier un statut, une nationalité, une profession, etc., le chinois a besoin du verbe 是 **shì**, suivi d'un nom, comme ici 人 **rén** [jenn], *personne, homme*.
- Pour localiser, le verbe 是 **shì** est proscrit et remplacé par le verbe 在 **zài** [dzaï], *être à, se trouver quelque part*, que nous avons déjà rencontré au chapitre 6.

2 Observez, puis traduisez la question et la réponse finales.

Sinogrammes	Transcription pinyin	Sens
北京	**Běijīng** [beï-tying]	*Pékin* (= nord-capitale)
地铁	**dìtiě** [di-t'ié]	*métro* (= sol-fer)
方便	**fāngbiàn** [bienn]	*(être) pratique, commode*

北京地铁方便吗?
Běijīng dìtiě fāngbiàn ma ?

....

很方便。
Hěn fāngbiàn.

....

CHAPITRE 8 : MARBRE

3 Une amie sino-américaine appelle John. Traduisez leur échange au téléphone.

Sinogrammes	Transcription pinyin	Sens
在	**zài** [dzaï]	*se trouver à, être à* (+ lieu)
周口店	**Zhōukǒudiàn** [dienn]	site archéologique
中国	**Zhōngguó** [djong-gou'o]	*Chine* (= milieu-pays)
对	**duì** [doué]	*être exact, oui*
北京猿人	**Běijīng yuánrén**	*Homme de Pékin* (= Pékin primate-homme)
老家	**lǎojiā** [tyia]	*lieu ancestral* (= vieux-famille)

喂？JOHN？你在哪儿？ **Wéi ? John ? Nǐ zài nǎr ?**

....

我在周口店。 **Wǒ zài Zhōukǒudiàn.**

....

哦，你在中国？ **Ó, nǐ zài Zhōngguó ?**

....

对，在北京猿人的老家！ **Duì, zài Běijīng yuánrén de lǎojiā !**

....

La diphtongue UI

UI s'entend [oué] et il ne faut pas confondre avec la diphtongue **IU** [iou]. Voici un exercice pour bien mémoriser la différence.

On entend [oué] dans les mots : 对 **duì**, *exact* ; 贵 **guì**, *cher* ; 会 **huì**, *savoir (faire)*.

Mais on entend [iou] dans : 六 **liù**, *six* ; 九 **jiǔ**, *neuf, 9* ; 牛 **niú**, *vache* ; 休息 **xiūxi**, *se reposer*.

Le G final est muet

En pinyin, le **G** final ne s'entend pas comme en français, par exemple dans « parking ». Sa présence indique seulement que la voyelle précédente se nasalise peu à peu. En clair, l'air expiré de la voyelle remonte de la bouche au nez : **I → ING** [iing] ; **O → ONG** [oong] ; **A → ANG** [aang].

Vous connaissez ces finales dans les mots **Běijīng**, *Pékin*, **Zhōngguó**, *Chine* ; **xiǎng**, *avoir envie de*.

4 Recherchez la transcription pinyin de ces mots, avec ou sans le lexique français-chinois.

Sinogrammes	Transcription pinyin	Sens
北京	1.	Pékin
上网	2.	aller sur Internet
方便	3.	être pratique
明天	4.	demain
想去中国	5.	avoir envie d'aller en Chine
懂吗?	6.	(Tu) comprends ?

Tracé des signes

shì [sheu], *être* (quelqu'un ou quelque chose). Le tracé du *soleil* 日 se trouve au chapitre 6.

zài [dzaï], *être (quelque part)*, *se trouver à* (avec la clé de la terre en bas : 土 **tǔ** [tou], *terre, sol*)

CHAPITRE 8 : MARBRE

Pierres de rêve

Même si « marbre » se dit en général « Pierre de Dali » en chinois, les blocs monumentaux de la Cité interdite n'auraient jamais pu être acheminés depuis le Yunnan !

Dali est une jolie ville, célébrée pour son paysage verdoyant dans un chant folklorique célèbre du peuple Bai : 大理三月好风光…… **Dàlǐ sān yuè hǎo fēngguāng…**
Dali en mars, quel beau paysage…

C'est d'une montagne proche qu'est extrait un marbre finement veiné (大理石 **Dàlǐshí** = *Dali-pierre*) dont on fabrique les pierres de rêve. Il s'agit d'un disque de marbre poli dont les subtiles nuances de gris suggèrent un paysage : cimes, brumes, pluies, vagues, horizon marin, herbes folles sous la brise… Parfois, une pierre entière est fixée sur un socle de bois ouvragé ; elle se présente alors comme une sculpture singulière, propice à la rêverie.

Une pierre de rêve se situe donc quelque part « entre le caprice de la nature et l'œuvre d'art », selon les mots d'André Breton. L'ajout d'un titre poétique, calligraphié à la pointe d'un pinceau fin, sublime la beauté évocatrice de ces marbres. Les souffles et les flux qui sillonnent ciel et terre se sont figés dans les marbrures et ce figement minéral semble avoir capturé le mouvement permanent du monde sur une échelle de temps géologique.

John est fasciné par ce temps géologique vertigineux, où les mammifères et les hommes ont fini par se nicher il n'y a pas si longtemps et pas forcément pour toujours. C'est pourquoi il sort de sa valise un fin marbre brumeux de Dali où il est écrit :

云山春早
Yún shān chūn zǎo

(= nuage montagne printemps tôt-matin)
Montagne nuageuse un matin de printemps.

Bravo, vous êtes venu à bout du chapitre 8 ! Il est maintenant temps de comptabiliser les icônes et de reporter le résultat en page 128 pour l'évaluation finale.

9
Terres rares

Journaliste

Fangfang travaille pour un magazine. Une vidéo en ligne l'a choquée, elle veut vérifier par elle-même.

Ce matin, elle prend le train Pékin-Baotou (824 km). Baotou est la plus grande ville de la région autonome de Mongolie-Intérieure : une cité minière. Fangfang a décidé de photographier ce qu'elle pourra de Bayan Obo, à 70 km au nord de Baotou, là où l'on extrait une série de « terres rares ».

Fangfang se dit : si le lithium de mon téléphone provient sans doute du Chili ou d'Australie, le fait est que d'autres composants proviennent à coup sûr de ces sédiments noirâtres que raclent à ciel ouvert ces grosses pelleteuses tandis que s'élèvent des panaches de poussières.

De retour à Baotou, elle se rend au bord d'un vaste déversoir de la zone industrielle. Les usines alentour y déversent les volumineux résidus du procédé d'extraction minière.

Fangfang s'est munie de gants, d'un masque, d'un vêtement étanche à capuche, d'appareils testeurs et de solides sacs-poubelles. Elle ne manque pas de témérité professionnelle, mais ce qu'elle approche est franchement toxique.

Il se trouve que sa famille maternelle était originaire de Xinguang Sancun, un village empoisonné, déserté, sinistré. Fangfang n'ira pas au village de ses aïeux, tous sont morts de maladie.

❶ Observez, puis traduisez la phrase finale.

Sinogrammes	Transcription pinyin	Sens
她	**tā**	*elle*
记者	**jìzhě** [tyi-dje]	*journaliste*

她是记者。
Tā shì jìzhě.

CHAPITRE 9 : TERRES RARES

2 Observez, puis traduisez la phrase finale.

Sinogrammes	Transcription pinyin	Sens
今天	**jīntiān**	*aujourd'hui*
包头	**Bāotóu**	*Baotou* (ville)

今天去包头。
Tā jīntiān qù Bāotóu.

....

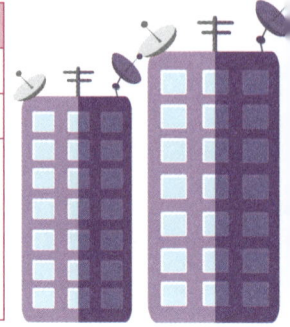

3 Observez, puis traduisez la phrase finale.

Sinogrammes	Transcription pinyin	Sens
北边	**běibiān**	*au nord de* (= nord-côté)
有	**yǒu**	*avoir*
很多	**hěn duō**	*beaucoup de* (= très nombreux)
稀土	**xītǔ**	*terres rares* (= rare-terre)

包头北边有很多稀土。
Bāotóu běibiān yǒu hěn duō xītǔ.

....

4 Pour filmer le déversoir, Fangfang se rend aussi à l'ouest de Baotou. Ordonnez ces mots.

西边	也去	包头	方方
xībiān	**yě qù**	**Bāotóu**	**Fāngfāng**
ouest	*aller aussi*		

....

CHAPITRE 9 : TERRES RARES

5 Bzz, bzz, téléphone. Un copain appelle, que lui répond Fangfang ?

Sinogrammes	Transcription pinyin	Sens
难看	**nánkàn**	*laid (= difficile-regarder)*
的	**de**	*particule*
地方	**dìfang**	*endroit, lieu*

喂？方方？你在哪儿？
Wei ? Fāngfāng ? Nǐ zài nǎr* ?

....

在……难看的地方。
Zài… nánkàn de dìfang.

....

* **nǎr**, *où ?* est équivalent à **nǎli** (chapitre 6).

La particule 的 sert de lien

- Elle marque l'appartenance :
  我的手机 **wǒ de shǒujī**, *mon téléphone portable* ;
  方方的父母 **Fāngfāng de fùmǔ**, *les parents de Fangfang*.

- Elle peut attacher un adjectif à un nom :
  一个好看的地方 **yī ge hǎokàn de dìfang**, *un bel endroit*.

- Elle peut être omise dans certains cas. Par exemple :
  很多钱 **hěn duō qián**, *ou bien* ;
  很多(的)钱 **hěn duō (de) qián**, *beaucoup d'argent*.

6 Reliez les termes opposés.

西 xī — 去 qù — 北 běi — 近 jìn — 东 dōng — 难看 nánkàn — 远 yuǎn — 好看 hǎokàn — 来 lái — 南 nán

CHAPITRE 9 : TERRES RARES

Les deux valeurs de U

En pinyin, la voyelle **U** se prononce [ou] sauf dans la série **JU**-**QU**-**XU**-**YU** où on entend [ü].

[ou]	bu	pu	du	tu	lu	nu	hu	fu	mu	zu	zhu	su	shu	cu	chu	ru
[ü]	ju	qu	xu	yu	lü	nü										

Dans l'exercice 7, quatre mots contiennent le son [ou], c'est-à-dire comme à la première ligne du tableau ci-dessus.

7 En observant patiemment ce vocabulaire, vous lirez dans les pensées de Fangfang...

Sinogrammes	Transcription pinyin	Sens
知道	**zhīdào** [djeu-dao]	savoir (quelque chose)
毒	**dú** [dou]	poison
心	**xīn** [ssinn]	cœur, sentiment
里	**lǐ**	dans, intérieur
心里	**xīn lǐ**	au fond du cœur, dans son for intérieur
不	**bù** [bou]	ne pas, non
舒服	**shūfu**	confortable, à l'aise
要	**yào**	vouloir
回家	**huí jiā** [h'oué tyia]	rentrer à la maison

方方知道稀土有毒。
她在包头心里不舒服，明天要回家。

Fāngfāng zhīdào xītǔ yǒu dú.
Tā zài Bāotóu xīn li bù shūfu, míngtiān yào huí jiā.

CHAPITRE 9 : TERRES RARES

Le locatif se place après le nom

Pour retenir cette règle {nom + locatif}, voici trois exemples avec des mots appris :

手里	家里	心里
shǒu lǐ	**jiā lǐ**	**xīn lǐ**
dans la main, à la main	*dans la famille, à la maison*	*dans le cœur, au fond du cœur*

Tracé des signes

yǒu, *avoir, il y a* (une main tenant une lune)

duō, *nombreux* (le bas se trace comme le haut)

xīn, *cœur*

CHAPITRE 9 : TERRES RARES

Géopolitique

Le grand réformateur de l'économie chinoise, Deng Xiaoping (1904-1997), a dit lors d'un voyage dans le sud industriel de la Chine en 1992 : 中东有石油，中国有稀土。 **Zhōngdōng yǒu shíyóu, Zhōngguó yǒu xītǔ.** *Le Moyen-Orient a du pétrole, la Chine a des terres rares.*

On dit qu'un véhicule hybride nécessite la mise en œuvre d'au moins huit « terres rares » : cérium, lanthane, europium, etc. Ce sont des métaux stratégiques pour l'automobile, la robotique, l'avionique, les éoliennes, la défense, les ampoules basse consommation, et bien sûr nos téléphones. La Chine posséderait au moins 25 % des réserves mondiales, mais en 2015 elle détenait 90 % de la production planétaire et pouvait organiser la pénurie à sa guise. À partir de 2009, elle a fermé des mines illégales et instauré des quotas d'exportation pour éviter une surexploitation de ressources polluantes et à faible valeur ajoutée. Un smartphone contient moins de 2 euros de métaux rares.

Désormais, *le Pacifique* (太平洋 **Tàipíngyáng**) est vu comme l'un des eldorados potentiels pour les minerais rares, ce qui explique les convoitises et tout un pan de la géopolitique des puissances industrielles. Ces ressources gisent à plusieurs kilomètres sous l'océan, ce qui rend la détection et l'exploitation très coûteuses.

En France, le recyclage peut constituer une source partielle d'approvisionnement, la recherche dans ce domaine est donc capitale. La France préférera-t-elle ses atouts polynésiens ?

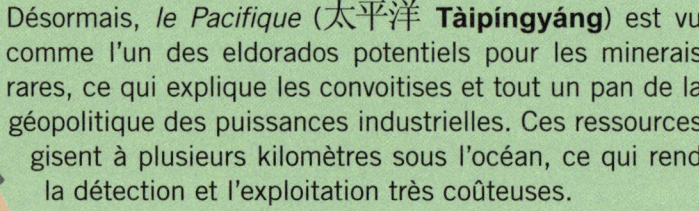

Bravo, vous êtes venu à bout du chapitre 9 ! Il est maintenant temps de comptabiliser les icônes et de reporter le résultat en page 128 pour l'évaluation finale.

10 Carbone

Eau, feu, électricité

L'écrivain Xu Zechen raconte les mésaventures de jeunes gens venus tenter leur chance à la capitale (*Pékin pirate*, Xu Zechen, éditions Philippe Rey, 2016) :

De temps à autre, **Qībǎo** (七宝 = sept trésors) fait une petite lessive avec une tonne d'eau, ce qui a le don d'agacer prodigieusement la proprio – l'eau et l'électricité sont à sa charge. Mais celle-ci s'abstient de toute remarque, préférant louvoyer : « Oh là, là, que de temps passé sur deux malheureuses fringues, je croyais que tu en avais déjà lavé une dizaine. »

Qibao capte parfaitement le sous-entendu : à son arrivée à Pékin, elle a eu une propriétaire encore plus acariâtre qui la harcelait pour des ampoules de quinze watts ou le cuiseur électrique qui gâche le riz : « Hé oui, ma petite, rien ne vaut les briquettes de charbon, achète-toi un petit poêle à charbon. » Refus catégorique de la jeune locataire provinciale, congédiée au bout de six mois.

En effet, avant 1990, le Pékinois typique cuisinait dehors sur un petit fourneau rond dans lequel il insérait, à l'aide d'une longue pince, une ou deux briquettes de *charbon* (煤炭 **méitàn**). Emblème du Pékin disparu, la briquette cylindrique à douze trous était faite de poussière de charbon compressée : sa cendre et son odeur tapissaient les murs, emplissaient les ruelles et s'invitaient dans les poumons. Mais la briquette n'était pas la seule fautive : les tas de charbon, apportés de Datong, envahissaient les cours en attendant d'être pelletés jusqu'aux chaudières. Désormais, le chauffage est devenu électrique, les chaudières sont passées au gaz, mais le cauchemar carboné a continué à noircir le ciel de la circulation automobile (même alternée). Désormais, le gouvernement compte bannir tout véhicule autre qu'électrique…

 Observez, puis traduisez la phrase finale.

Sinogrammes	Transcription pinyin	Sens
一个月	**yī ge yuè** [yi gue yüé]	un mois, en un mois
用	**yòng**	utiliser, se servir de
水	**shuǐ** [shou'é]	eau
太	**tài**	trop

你一个月用水太多！ **Nǐ yī ge yuè yòng shuǐ tài duō !**

CHAPITRE 10 : CARBONE

2 Observez, puis traduisez la phrase finale.

Sinogrammes	Transcription pinyin	Sens
不	**bù/bú** [bou]	négation
煤球	**méiqiú** [meï-tch'ioou]	briquette de charbon (= houille-balle)

七宝不要用煤球。
Qībǎo [tch'i-bao] **bú yào yòng méiqiú.**

....

我叫煤球。
Wǒ jiào Méiqiú.
Je m'appelle Boulet de charbon.

La négation 不 change de ton

Rappel : Le quatrième ton descend dans les graves de façon abrupte. Le deuxième ton est montant. La négation 不 **bù** se prononce en général au quatrième ton, mais elle passe au deuxième ton (**bú**) devant un quatrième ton ou une syllabe sans ton :

+ 1er ton	+ 2e ton	+ 3e ton	+ 4e ton	+ ton neutre
不多	不难	不懂	不对	不是煤炭。
bù duō	**bù nán**	**bù dǒng**	**bú duì**	**Bú shi méitàn.**
pas nombreux, pas beaucoup	pas difficile	ne pas comprendre	inexact, pas vrai	Ce n'est pas du charbon.

Remarquez dans le tableau ci-dessus que la négation 不 **bù** est utilisée :
- devant des adjectifs de sens verbal, tels que **duō**, *être nombreux* ; **nán**, *être difficile* ; **duì**, *être exact* ;
- devant un verbe d'action et un verbe d'état, tels que **dǒng**, *comprendre* ; **shì/shi**, *être* (quelqu'un ou quelque chose).

3 Un jeune homme veut faire connaissance avec Qibao, que demande-t-il et que répondra-t-elle ?

Sinogrammes	Transcription pinyin	Sens
叫	**jiào** [tyiao]	*s'appeler*
什么?	**shénme ?**	*quoi ? qu'est-ce que ? quel ?*

你叫什么?
Nǐ jiào shénme ?

4 Une petite question et une longue réponse.

Sinogrammes	Transcription pinyin	Sens
工作	**gōngzuò** [dzou'o]	*travailler, travail*
没有	**méi yǒu**	*ne pas avoir*
只有	**zhǐ yǒu**	*avoir seulement, n'avoir que*
钱	**qián**	*argent*
猫	**māo**	*chat*

七宝，你工作吗？
Qībǎo, nǐ gōngzuò ma ?

我没有工作，也没有钱，只有猫。
Wǒ méi yǒu gōngzuò, yě méi yǒu qián, zhǐ yǒu māo.

Le nom de famille de *Mao Zedong* s'entend **Máo** (ton montant) alors que *chat* se dit **māo** (ton haut et plat).

CHAPITRE 10 : CARBONE

Le verbe 有 yǒu a une négation spécifique : 没 méi

La forme négative de 有 **yǒu**, *avoir* est 没有 **méi yǒu**, *ne pas avoir, il n'y a pas*. Observez les deux négations que vous connaissez dans ces bribes de conversation entre les deux jeunes *provinciaux* (外地人 **wàidìrén** = extérieur-sol-personne)… qui ont bien fait de se rencontrer !

你有钱吗?只有一百块。*

Nǐ yǒu qián ma ? – Zhǐ yǒu yī bǎi kuài.
Tu as de l'argent ? – Seulement 100 kuai.

你有男朋友吗? 没有。

Nǐ yǒu nán péngyǒu ma ? – Méi yǒu.
Tu as un copain ? – Non.

你是北京人吗? 不是。

Nǐ shi Běijīngrén ma ? – Bú shi.
Tu es pékinois ? – Non.

你也是外地人吗? 我也是。

Nǐ yě shì wàidìrén ma ? – Wǒ yě shi.
Tu es de province aussi ? – Oui, moi aussi.

* Les tirets de dialogue ne s'utilisent pas avec les sinogrammes afin de ne pas confondre avec le signe 一 **yī**, *un*.

5 Quand on a des difficultés, ça fait du bien de rire un peu.

Sinogrammes	Transcription pinyin	Sens
这是	zhè shì	*c'est* (= ceci être)
照片	zhàopiàn	*photo*
它	tā	*il, elle* (pronom pour les choses et les animaux)
在看	zài kàn	*être en train de regarder*
电锅	diànguō	*cuiseur à riz* (= électricité-marmite)

这是我猫的照片, 它在看电锅。
Zhè shì wǒ māo de zhàopiàn, tā zài kàn diànguō.

哈, 煤球看电锅! **Hā, Méiqiú kàn diànguō !**

CHAPITRE 10 : CARBONE

6. Qibao parle de sa famille.

Sinogrammes	Transcription pinyin	Sens
老家	**lǎojiā**	lieu ancestral d'une famille
大同	**Dàtóng**	district de mines de charbon
我爸	**wǒ bà**	*mon père*
以前…… 现在……	**yǐqián…** **xiànzài…**	*avant…* *maintenant…*
矿工	**kuànggōng**	*mineur* (= mine-ouvrier)
卖花	**mài huā**	*vendre des fleurs*
了	**le**	particule de fin de phrase

我老家在大同。我爸以前是矿工，现在卖花了。

Wǒ lǎojiā zài Dàtóng. Wǒ bà yǐqián shi kuànggōng, xiànzài mài huā le.

....

....

La particule finale 了 le

Placé en fin de phrase, 了 **le** exprime un changement de situation, une évolution, une transformation. Par exemple, dans l'exercice 6, cette particule indique que le père n'est plus mineur à présent. S'il s'est reconverti, c'est sans doute que la mine de Datong où il travaillait a fermé ou réduit ses activités. Le charbon ne se vend plus pour les chauffages domestiques.

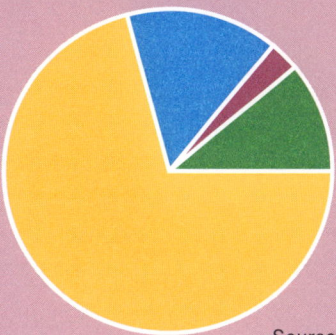

Production d'électricité par source 2016
- thermique
- hydraulique
- nucléaire
- renouvelable

Source : BSI Economics

CHAPITRE 10 : CARBONE

Tracé des signes

shuǐ, *eau*

huǒ, *feu* (la clé du feu est présente à gauche dans le caractère 煤 **méi**, *charbon*)

diàn, *électricité, électrique*

Mix énergétique

Le gouvernement a interdit en 2018 la consommation du charbon dans 28 villes. À Pékin, une police de l'environnement veille au grain et les entreprises d'État du bassin charbonnier de Datong tournent souvent au ralenti. C'est l'industrie chinoise qui dévore du charbon : 4 milliards de tonnes annuellement, ce qui bloque le pays au premier rang mondial d'émissions de CO_2. À terme, le charbon est censé laisser place au *gaz naturel* (煤气 **méiqì**).

En 2017, la Chine produisait 32 % de ses besoins en *pétrole brut* (石油 **shíyóu**) et 62 % pour le gaz naturel. Elle importe donc du pétrole et du gaz. La production nucléaire ne représentait que 3 % de son électricité en 2016, mais le nombre et la modernité des centrales implantées vont projeter le pays au premier rang mondial. Premier rang mondial aussi pour la production hydroélectrique et pour la surface de capteurs solaires thermiques. Deuxième rang mondial pour l'éolien et le solaire photovoltaïque. En 2015, les énergies renouvelables (hydro-éolien, biomasse et déchets, solaire) fournissaient déjà 25 % de l'électricité produite.

Bravo, vous êtes venu à bout du chapitre 10 ! Il est maintenant temps de comptabiliser les icônes et de reporter le résultat en page 128 pour l'évaluation finale.

11
Chengdu

Chaleur

Trois amis – Pengfei, Shandao, Zining – ont rendez-vous au *Petit Bar* (小酒馆 **Xiǎo Jiǔguǎn**) dans le centre de Chengdu (成都 **Chéngdū**), capitale de la province du Sichuan (四川 **Sìchuān**). Ils se raconteront leur excursion du jour ou écouteront un concert en sirotant une boisson fraîche. C'est l'été, chacun aspire à la fraîcheur, sous un ventilateur, dans un spa, dans un coin ombragé et aéré.

Aujourd'hui, Pengfei s'est rendu à Leshan par l'autoroute S7, dans sa voiture climatisée. Il s'est recueilli un moment au pied du gigantesque Bouddha de pierre creusé à même la falaise : la statue semble méditer de très haut, les yeux mi-clos, sur la confluence des trois rivières Min, Dadu, et Qingyi.

Shandao revient, en minibus, du *mont de la Cité d'azur* (青城山 **Qīngchéngshān**) qui abrite de nombreux temples taoïstes enserrés entre des rocs moussus et des arbres tortueux. C'est là qu'en l'an 42, le premier maître céleste, Zhang Daoling, aurait fondé la doctrine du taoïsme en commentant le livre intitulé *Laozi*. Il serait mort en ce lieu à 123 ans, puis se serait envolé chez les Immortels…

Zining a passé sa journée à filmer le système hydraulique de Dujiangyan conçu jadis pour régler les eaux de la rivière Min et irriguer la plaine de Chengdu. Le barrage fonctionne depuis 2 200 ans ! Ce qui tend à prouver que les sols, les eaux et les êtres – s'ils sont respectueux et prudents – peuvent vivre en harmonie, tout en sachant que dans la région, un tremblement de terre peut anéantir d'un coup les hommes et leur labeur.

❶ Observez, puis traduisez la phrase finale.

Sinogrammes	Transcription pinyin	Sens
今天	**jīntiān** [tyinn-t'ienn]	*aujourd'hui*
天气	**tiānqì** [t'ienn-tch'i]	*temps, météo*
热	**rè** [je]	*chaud*
今天天气很热。 **Jīntiān tiānqì hěn rè.**		

CHAPITRE 11 : CHENGDU

La forme alternative de la question

Pour demander à quelqu'un s'il est fatigué, vous pouvez dire :
- soit 你累吗? **Nǐ lèi ma ?**
- soit 你累不累? **Nǐ lèi-bu-lèi ?**

La deuxième solution pose une alternative entre « oui » et « non », c'est-à-dire littéralement « Tu es fatigué ou pas fatigué ? »
- 你饿不饿? **Nǐ è-bu-è ?** *Tu as faim ?*
- 你热不热? **Nǐ rè-bu-rè ?** *Tu as chaud ?*

2 La journée a été longue et très chaude… Observez, puis traduisez l'échange entre Pengfei et Shandao devant le Petit Bar.

Sinogrammes	Transcription pinyin	Sens
累	**lèi**	*être fatigué*
呢?	**ne**	*et… ?* (particule finale servant à retourner une question)
口渴	**kǒu kě**	*avoir soif* (= bouche soif)
了	**le**	*à présent* (particule de changement et d'actualisation)

你累不累? **Nǐ lèi-bu-lèi ?**

....

不累，你呢? **Bú lèi, nǐ ne ?**

....

我口渴了。**Wǒ kǒu kě le.**

....

Redoubler le verbe pour proposer

Le redoublement adoucit le propos et la particule finale 吧 **ba** a une valeur incitative comme dans ces quatre exemples :

进去坐坐吧。 **Jìn-qù zuò-zuò ba.** *Entrons nous asseoir.*
喝喝水吧。 **Hē-hē shuǐ ba.** *Buvons un peu d'eau.*
休息休息吧。 **Xiūxi-xiūxi ba.** *Reposons-nous un peu.*
快来听听音乐吧! **Kuài lái tīng-tīng yīnyuè ba!** *Viens vite écouter la musique !*

CHAPITRE 11 : CHENGDU

3 Découvrez comment chacun des trois amis s'est déplacé aujourd'hui.

Sinogrammes	Transcription pinyin	Sens
开车	**kāi chē** [tche]	*en voiture* (= conduire voiture)
坐小巴	**zuò xiǎobā**	*prendre un minibus* (= s'asseoir petit-bus)
回成都	**huí Chéngdū**	*rentrer à Chengdu*
走路	**zǒu lù**	*marcher, à pied* (= marcher chemin)
参观	**cānguān** [tsann-gouann]	*visiter* (musée, site, etc.)

鹏飞开车去乐山。
Péngfēi kāi chē qù Lèshān.

....

山道坐小巴回成都。
Shāndào zuò xiǎobā huí Chéngdū.

....

子宁走路参观都江堰。
Zǐníng zǒu lù cānguān Dūjiāngyàn.

....

4 Le trio commande des bières et si possible des cacahuètes. Cherchez l'ordre des mots.

来
lái
commander, prendre

我们
wǒmen
nous

有吗?
yǒu ma ?

啤酒
píjiǔ
bière

三

花生米
huāshēngmǐ
cacahuètes

瓶
píng
bouteille

....

CHAPITRE 11 : CHENGDU

Singulier et pluriel des pronoms

On pluralise les pronoms personnels en ajoutant le suffixe 们 **men** tout simplement :

我 → 我们	你 → 你们	他 → 他们	她 → 她们
wǒ → wǒmen	**nǐ → nǐmen**	**tā → tāmen**	**tā → tāmen**
je → nous	*tu → vous*	*il → ils*	*elle → elles*

5 Pengfei et Shandao ne connaissant pas encore l'ingénierie hydraulique de Dujiangyan, ils interrogent Zining qui en revient à l'instant.

Sinogrammes	Transcription pinyin	Sens
怎么样 ?	**zěnmeyàng ?**	*comment (est-ce) ?*
意思	**yìsi** [yi-seu]	*sens, signification*
有意思	**yǒu yìsi**	*être intéressant (= avoir sens)*
不过	**búguò** [bou-gou'o]	*mais (pour émettre une réserve)*

子宁，都江堰怎么样？
Zǐníng, Dūjiāngyàn zěnmeyàng ?

....

很有意思，不过今天天气太热了⋯⋯
Hěn yǒu yìsi, búguò jīntiān tiānqì tài rè le…

....

Visite en septembre

C'est en *automne* (秋天 **qiūtiān**) que le tourisme est le plus plaisant en RPC, mais il faut absolument éviter les périodes de congés chinois où il y a foule… partout !
Retenez en tout cas que :

六月、七月、八月太热了，九月可以去旅游。
Liù yuè, qī yuè, bā yuè tài rè le, jiǔ yuè kěyǐ qù lǚyóu.
En juin, juillet, août, il fait trop chaud, en septembre on peut partir en voyage.

Vous avez sans doute remarqué que les mois se numérotent, comme lorsqu'on écrit 06 pour « juin », 07 pour « juillet » et 08 pour « août ».

CHAPITRE 11 : CHENGDU

Tracé des signes

lái, *venir* ; *commander* (une boisson, un plat)

qù, *aller* (avec la clé de la terre en haut : 土 **tǔ** [tou] *terre, sol*)

La province du Sichuan

Que connaissez-vous de cette grande province magnifique du centre-ouest de la Chine ?

Son poivre ? Ses soupes mala bien pimentées ? Son poulet aux cacahuètes ? Ses quatre affluents du *Yangzi* (长江 **Chángjiāng** = long-fleuve) qui lui donne son nom : 四川 **Sìchuān** (= quatre-rivières) ? Les riches récoltes actuelles du bassin de Chengdu : agrumes, canne à sucre, patates douces, céréales, pêches, raisin, etc. ? Et le savoureux poivre des collines ?

Sa longue famine après le « Grand Bond » de 1958 qui fit des millions de victimes ? Son tremblement de terre de magnitude 7,9 en 2008 qui causa l'effondrement de dizaines d'écoles mal construites ? La résistance tragique des moniales et des moines tibétains à l'oppression politique et religieuse ?

Les 60 000 marches à gravir (puis à redescendre…) du vertigineux mont Emei flottant parmi ses brumes vaporeuses ?

Le grand Bouddha (71 m de hauteur) de Leshan qui rappelle ceux de Bâmiyân en Afghanistan, détruits en 2001 ? Une dernière question : pourquoi les gens aiment-ils tant se photographier devant les orteils géants de ce Bouddha rose-rouge-vert ?

Bravo, vous êtes venu à bout du chapitre 11 ! Il est maintenant temps de comptabiliser les icônes et de reporter le résultat en page 128 pour l'évaluation finale.

12
Xiamen

Comment faire ?

Jeanne travaille dans un cabinet d'architecture engagé dans l'écoconstruction. Début décembre, elle se rendra avec un collègue français à l'université de Xiamen pour un rendez-vous avec de probables partenaires chinois. Son collègue parle bien l'anglais, il n'aura donc pas de problème de communication, mais il compte sur Jeanne pour le contact amical parce qu'elle a étudié le mandarin au lycée… il y a 17 ans. Bref, il est temps de se remettre au chinois. Comment faire ?

Tout d'abord, où est l'université de Xiamen ? La lettre en anglais de l'université donne une adresse en pinyin et en caractères : 422 Siming S Rd, Siming Qu, Xiamen Shi, Fujian Sheng, Chine, 361005 (福建省厦门市思明区思明南路422号 邮政编码：361005).

Jeanne consulte la rubrique Langues du panneau de configuration de son ordinateur et active « chinois simplifié RPC ». Retour au traitement de texte ➜ nouveau fichier ➜ barre de langues ➜ chinois. Quand elle tape en pinyin, les caractères apparaissent dans un menu déroulant : un clic pour valider et c'est parti ! Les touches A/Q et Z/W sont interverties, le M est sur la virgule, mais peu importe, on s'y fait vite.

Jeanne tape « Fujian Sheng » sur son clavier parce qu'elle a reconnu le signe 福 **fú**, *bonheur* et qu'elle se souvient de 省 **shěng**, *province*. En tâtonnant ainsi, elle parvient à écrire toute l'adresse en caractères chinois, à partir du pinyin.

En copiant l'adresse dans un moteur de recherche, elle voit les photos du campus de l'*université de Xiamen* 厦门大学 **Xiàmén dàxué**, et d'une jolie ville portuaire ou plutôt d'une île ronde sur la côte sud-est, face à Taïwan : Xiamen, et aussi… l'îlot Gulangyu, d'où partit le pirate Koxinga en 1662 ! Anne y repère un hôtel et décide d'y *réserver des chambres* (订房间 **dìng fángjiān**).

CHAPITRE 12 : XIAMEN

1 Observez, puis traduisez la question et la réponse.

Sinogrammes	Transcription pinyin	Sens
怎么…… ?	zěnme… ? [dzenn-me]	*comment ? par quel moyen ?*
办	bàn	*faire, procéder*
先	xiān [ssienn]	*d'abord, en premier*
写	xiě [ssié]	*écrire*
中文	zhōngwén [djong-wenn]	*chinois, en chinois*
地址	dìzhǐ [di-djeu]	*adresse* (postale)

怎么办? **Zěnme bàn ?**

先写中文地址。 **Xiān xiě zhōngwén dìzhǐ.**

Mots composites

Comme chaque caractère correspond à une syllabe et à un sens, il est intéressant d'explorer la formation des mots composés de plusieurs syllabes, tels que 中文 **zhōngwén**, *langue et écriture chinoises, le chinois*, ou 地址 **dìzhǐ**, *adresse*. Dans l'exercice 1, nous avons :

- 中 **zhōng**, *milieu, centre*, est ici une abréviation de 中国 **Zhōngguó** ;
- 文 **wén**, *signe, motif, écriture* ;
- 地 **dì**, *sol, terre* ;
- 址 **zhǐ**, *lieu, site*.

Dans l'exercice 2, vous trouverez le mot 地图 **dìtú** (= sol-schéma), *carte, plan*. Voici d'autres mots composites incluant 地 **dì** :

- 地方 **dìfāng**, *lieu* (= sol-carré)
- 地区 **dìqū**, *zone, région* (= sol-quartier, territoire est 域)
- 地中海 **Dìzhōnghǎi**, *mer Méditerranée* (= sol-milieu-mer)
- 地球 **dìqiú**, *planète Terre* (= terre-ballon)

CHAPITRE 12 : XIAMEN

❷ Observez, puis traduisez la phrase finale.

Sinogrammes	Transcription pinyin	Sens
这里	**zhèli** [dje-li]	*ici*
可以	**kěyǐ**	*pouvoir, être possible de*
上网	**shàng wǎng**	*aller sur Internet* (= monter filet)
看	**kàn**	*regarder*
地图	**dìtú** [di-tou]	*carte, plan*

这里可以上网看地图。
Zhèli kěyǐ shàng wǎng kàn dìtú.

....

Insérer un circonstant avant le verbe

Le complément circonstanciel se place souvent entre le **sujet** et le **verbe**. Partons du fait brut « Nous avons un rendez-vous » pour dire ensuite : « Nous avons un rendez-vous le 3 décembre » ; « Nous avons un rendez-vous avec des architectes de Xiamen » ; « Nous avons un rendez-vous à l'université de Xiamen. »

我们有个约会。
Wǒmen yǒu ge yuēhuì.

我们12月3号有个约会。
Wǒmen shí èr yuè sān hào yǒu ge yuēhuì.

Le circonstant inséré signifie littéralement = nous 12 mois 3 numéro avoir un rendez-vous.

我们和厦门的建筑师有个约会。
Wǒmen hé Xiàmen de jiànzhùshī yǒu ge yuēhuì.

(= nous avec Xiamen **de** architectes avoir un rendez-vous)

我们在厦门大学有个约会。
Wǒmen zài Xiàmen dàxué yǒu ge yuēhuì.

(= nous à Xiamen université avoir un rendez-vous).

Conclusion : En français, le circonstant est souvent placé en fin de phrase, en chinois il précède le verbe principal.

CHAPITRE 12 : XIAMEN

3. Traduisez trois dates.

Dates	Transcription pinyin	Sens
8月4号	bā yuè sì [seu] hào	*le 4 août*
1月2号	yī yuè èr hào	
5月6号	wǔ yuè liù [liou] hào	
10月12号	shí [sheu] yuè shí èr hào	

4. Cherchez l'ordre des mots pour dire : « Nous avons rendez-vous avec eux. »

约会 yuēhuì — 有 yǒu — 我们 wǒmen — 他们 tāmen — 和 hé

Tracé des signes

dà, *grand* ; 大学 **dàxué** [ssüé], *université*

xiě [ssié], *écrire* ; 写字 **xiě zì** [dzeu], *écrire des caractères*

CHAPITRE 12 : XIAMEN

Pirate ou héros national ?

Koxinga (1624-1662), fils d'un pirate et marchand chinois, naquit au Japon où il deviendra aussi légendaire qu'en Chine.

L'enfant a 7 ans quand son père l'envoie à Nan'an, au nord de Xiamen, afin de lui assurer l'éducation dont lui-même n'a pu bénéficier dans sa jeunesse.

Bientôt, des révoltes paysannes affaiblissent la dynastie Ming (1368-1644) et les Mandchous du Nord-Est s'engouffrent dans la brèche, puis fondent une nouvelle dynastie. Les Ming se réfugient au sud, mais après la défaite de Fuzhou en 1646, la situation se délite : la mère japonaise de Koxinga se suicide et son père capitule…

Alors le jeune homme brûle sa robe de lettré confucéen et lance un cri de loyauté : 思明! **Sī Míng !** *Souvenons-nous des Ming !* Revenons un instant sur l'adresse de l'université où se rendent Jeanne et son collègue : le quartier s'appelle 思明区 **Sīmíngqū** et la rue 思明南路 **Sīmíng nánlù**, en souvenir du cri de ralliement de Koxinga au XVIIe siècle.

En 1661, Koxinga traverse le détroit de Taïwan avec 25 000 hommes sur une flottille de jonques. Il ambitionne de libérer l'île de Taïwan de l'occupation hollandaise pour s'en faire une base arrière plus sûre que le continent. Les Hollandais capituleront l'année suivante et le fils du pirate sera dès lors considéré comme un héros national, voire un dieu par certains. Son nom le plus courant est 郑成功 **Zhèng Chénggōng**, *Zheng-le-succès* (voir dessin animé, documentaire et film : *The Legend of Zheng Chenggong* ; *Koxinga* ; *Seven Swords*).

L'îlot Gulangyu – sans voiture – et son architecture coloniale offrent de jolies balades : jardin Shuzhuang, musée du piano, rocher du Soleil, plages… La température de décembre oscille entre 12 °C et 20 °C : 厦门的冬天不冷。 **Xiàmen de dōngtiān bù lěng**. *Il ne fait pas froid en hiver à Xiamen.* Le temps est plutôt sec et la saison des typhons est terminée.

Bravo, vous êtes venu à bout du chapitre 12 ! Il est maintenant temps de comptabiliser les icônes et de reporter le résultat en page 128 pour l'évaluation finale.

13 Chongqing

Comment y aller ?

小杜 **Xiǎo Dù** (= jeune Du) est diplômé de l'Institut de biotechnologie industrielle de Tianjin. Il revient d'un stage à Toulouse et postule auprès d'entreprises et laboratoires de Chongqing [tchong-tch'ing], une municipalité de 33 millions d'habitants... au bas mot !

Il découvre cette mégalopole du centre-sud-ouest de son pays : modernité, gigantisme ambitieux et brume continuelle. Il chasse une pointe de nostalgie pour la « ville rose » et les amis laissés là-bas. Mais il est temps pour lui de valider ses études en trouvant un travail. Il a eu trois entretiens d'embauche aujourd'hui et deux autres sont prévus pour demain, dans le nouveau quartier de Liangjiang (两江 **Liǎngjiāng** = deux fleuves). Au fait, comment y aller ?

Xiao Du appréhende d'avoir à s'installer dans un des trois grands fours de la Chine (三大火炉 **sān dà huǒlú**, *les villes de Chongqing, Wuhan, Nanjing/Nankin*). La canicule estivale est certes passée, mais ce soir il pleut à verse sur les lumineux bateaux du Yangtsé (长江 **Chángjiāng** = long fleuve).

Xiao Du trouve dans un bazar un parapluie orné d'un quatrain de Li Shangyin*, son poète préféré de la dynastie Tang (618-907) :

Tu demandes la date de mon retour, elle n'est pas encore fixée.
La pluie nocturne ruisselle des monts jusqu'aux basses eaux en crue d'automne.
Quand serons-nous réunis à la fenêtre de l'ouest ? Prêts à éteindre notre chandelle ?
Et quand pourrai-je enfin te narrer de vive voix les pluies nocturnes des monts Ba** ?

* 《夜雨寄北》 **Yèyǔ jì běi**, 李商隐 **Lǐ Shāngyǐn**
** 巴山 **Bāshān**, montagnes de la région de Chongqing et de l'ancien royaume de Ba.

CHAPITRE 13 : CHONGQING

1 Observez, puis traduisez la phrase finale.

Sinogrammes	Transcription pinyin	Sens
晚上	**wǎnshang**	*soir, le soir*
今天晚上	**jīntiān** [tyinn-t'ienn] **wǎnshang**	*ce soir* (= aujourd'hui soir)
雨	**yǔ** [yü]	*pluie*
下雨	**xià** [ssia] **yǔ**	*pleuvoir* (= descendre pluie)

今天晚上下大雨。
Jīntiān wǎnshang xià dà yǔ.

....

2 Observez, puis traduisez la phrase finale.

Sinogrammes	Transcription pinyin	Sens
小杜	**Xiǎo Dù** [ssiao dou]	*le jeune Du* (diminutif)
江边	**jiāngbiān**	*rive du fleuve* (= fleuve-côté)
买	**mǎi**	*acheter*
雨伞	**yǔsǎn**	*parapluie*

小杜在江边买雨伞。
Xiǎo Dù zài jiāngbiān mǎi yǔsǎn.

....

Le lieu de l'action précède l'action

Dans l'exercice 2, 在 **zài**, *se trouver à*, n'est plus le verbe principal : il indique le lieu (江边 **jiāngbiān**, *bord du fleuve*) où se déroule l'action (买 **mǎi**, *acheter*).

Cet ordre des syntagmes présuppose qu'il faut être (d'abord) quelque part pour y faire quelque chose (ensuite). Ce schéma de phrase suit la formule :

sujet + 在 **zài + lieu de l'action + VERBE d'action + complément**

CHAPITRE 13 : CHONGQING

3 Trouvez l'ordre des mots pour dire que « Xiao Du cherche du travail à Chongqing. »

| 重庆 Chóngqìng | 在 zài | 小杜 Xiǎo Dù | 找 zhǎo *chercher* | 工作 gōngzuò |

....

4 Quelle est la météo pour demain ?

Sinogrammes	Transcription pinyin	Sens
早上	**zǎoshang** [tzao-shang]	*le matin, tôt le matin*
会	**huì** [h'oué]	marque du futur
雾	**wù**	*brume*

明天早上会有雾。
Míngtiān zǎoshang huì yǒu wù.

....

Demander son chemin

Pour demander son chemin (问路 **wèn lù**), nous allons utiliser des mots déjà appris : 去 **qù**, *aller à* ; 怎么 ? **zěnme ?** *comment ?* ; 走 **zǒu**, *marcher*. Oui, mais dans quel ordre ?

On commence par la destination : 去两江大桥新区 **Qù Liǎngjiāng dàqiáo xīnqū** *Pour aller au nouveau quartier du grand pont de Liangjiang*

Puis on demande comment se diriger : 怎么走 ? **zěnme zǒu ?**

CHAPITRE 13 : CHONGQING

5. Un passant répond à Xiao Du, que dit-il ?

Sinogrammes	Transcription pinyin	Sens
打的	**dǎ dī**	*prendre un taxi*
那边	**nàbian**	*là-bas*
空	**kōng**	*vide, libre*
车	**chē**	*voiture, véhicule*

你可以打的，那边有空车。
Nǐ kěyǐ dǎ dī, nàbian yǒu kōng chē.

Repérer dans le temps

Le chinois n'a pas de temps verbaux. La temporalité s'exprime par des repères (aujourd'hui, hier, etc.) et des marques aspectuelles. Voici celles que vous avez déjà rencontrées au fil des chapitres :

了 **le**	verbe-**le**	ACTION ACCOMPLIE	Chapitre 2
过 **guo**	verbe-**guo**	EXPÉRIENCE VÉCUE	Chapitre 6
了 **le**	phrase + **le**	ACTUALISATION	Chapitre 11
在 **zài**	**zài** + verbe	PROGRESSIF	Chapitre 10
会 **huì**	**huì** + verbe	FUTUR PROBABLE	Chapitre 13

 Que ce tableau vous laisse perplexe n'a rien d'étonnant ! L'expression du temps est si différente en chinois et en français… Pour preuve, il vous suffit d'écouter des sinophones parlant bien le français. Ils peinent souvent à maîtriser les conjugaisons et l'usage des temps.

Tracé des signes

 小 小 小 小 小

xiǎo, *petit* ; *jeune* ; 小雨 **xiǎo yǔ**, *petite pluie*

CHAPITRE 13 : CHONGQING

yǔ, *pluie* (avec quatre gouttes de pluie) ; 下雨 **xià yǔ**, *il pleut*

Pluie nocturne

Lorsque fut construit le barrage des Trois-Gorges sur le 长江 **Chángjiāng** dans les années 1990, nombre de riverains furent déplacés et relogés à Chongqing. Cette ville industrielle, incluse jusqu'alors dans la province du Sichuan, s'honora depuis lors du statut de « municipalité ». Ce qui signifie en termes politiques qu'elle passa sous le contrôle de Pékin. Depuis 2007, la mégalopole, comparable en superficie à l'Autriche, croît plus vite que l'ensemble du pays.

Xiao Du s'est présenté aujourd'hui à deux entretiens pour des postes d'ingénieur en traitement des eaux. Le groupe Suez, entre autres, fait tourner ici cinq usines d'eau potable et de retraitement des eaux usées.

L'éclairage nocturne diffracte mille lumières sous la pluie. À la confluence des deux rivières, on aperçoit très haut un couloir de verre reliant quatre des huit tours du Raffles City. Ce tube céleste est la star du plus gros investissement immobilier jamais réalisé en Chine par une société singapourienne. « Même pas peur des avions fous ! » se dit Xiao Du.

Tandis que le taxi qui le reconduit à l'hôtel roule de flaque en flaque, il se récite le poème du parapluie. Son cœur l'adresse-t-il à une âme sœur de la ville jumelle (Toulouse) ?

Repérez dans ce quatrain, traduit en tête de chapitre, les signes 夜雨 **yèyǔ** (= nuit-pluie) *pluie nocturne*, ainsi que les gouttes de pluie ⺀ et l'eau 氵qui ruisselle des montagnes 山.

君问归期未有期，
巴山夜雨涨秋池。
何当共剪西窗烛，
却话巴山夜雨时。

Bravo, vous êtes venu à bout du chapitre 13 ! Il est maintenant temps de comptabiliser les icônes et de reporter le résultat en page 128 pour l'évaluation finale.

14
Harbin

Ça te dirait ?

« Qu'est-ce que tu regardes sur ton téléphone ? demande Zhang Pinghe à sa femme.

– Des fous qui nagent par -17 °C dans une piscine creusée dans la glace…

– En Sibérie ou à Harbin ?

– Au Heilongjiang*. Oui, ce doit être Harbin parce que je vois d'énormes statues de glace en arrière-fond. Oh, il y a une dame qui sort de l'eau, toute rose… rose comme son maillot fluo. Mais viens voir !

– Euh… Au fait, ça te dirait d'aller patiner à Harbin cet hiver ?

– En janvier prochain ? Pourquoi pas ? Mais j'aimerais surtout aller un jour jusqu'à Zhalong voir danser les grues de Mandchourie, tu sais, ces échassiers blanc et noir avec une calotte rouge sur la tête : elles sautent et déploient leurs ailes avec tant de grâce.

– Liangyue, renseigne-toi sur la meilleure période pour observer le ballet des grues. On emportera un pipeau, il paraît qu'elles aiment la musique ! »

* La province du 黑龙江 **Hēilóngjiāng** (= noir-dragon-fleuve) se situe à l'extrême nord-est de la RPC. Le fleuve du même nom s'appelle **Amur** [amour] côté russe. Il marque la frontière entre les deux pays.

1 Observez, puis traduisez la question de Pinghe à Liangyue.

Sinogrammes	Transcription pinyin	Sens
在	**zài** [dzaï]	être en train de
什么?	**shénme ?**	quoi ? qu'est-ce que ?
亮月，你在看什么？	Liàngyuè, nǐ zài kàn shénme ?	

2 Observez, puis traduisez la deuxième question de Pinghe.

Sinogrammes	Transcription pinyin	Sens
哈尔滨	**Hā'ěrbīn** [h'a-er-binn]	Harbin (capitale de la province du Heilongjiang)
冬天	**dōngtiān**	hiver
很冷	**hěn lěng**	très froid
怕	**pà**	avoir peur de, craindre
哈尔滨冬天很冷，你不怕冷吗？ Hā'ěrbīn dōngtiān hěn lěng, nǐ bú pà lěng ma ?		

❸ Que dit la dame en maillot rose ?

Sinogrammes	Transcription pinyin	Sens
女人	**nǚrén** [nu-jenn]	*femme*
说	**shuō**	*dire*
喜欢	**xǐhuān** [ssi-h'ouann]	*aimer*
这个	**zhè ge**	*ce, cet, cette*
运动	**yùndòng**	*sport*

有一个女人说：" 我很喜欢这个运动。"
Yǒu yī ge nǚrén shuō : « Wǒ hěn xǐhuān zhè ge yùndòng. »

Emplois du classificateur 个 ge

Dans l'exercice 3, nous trouvons deux fois le classificateur 个 **ge** :

- entre le numératif 一 **yī**, *un(e)* et le nom 女人 **nǚrén**, *femme*, pour dire « une femme » ;
- entre le démonstratif 这 **zhè**, *ce(ci)* et le nom 运动 **yùndòng**, *sport*, pour dire « ce sport ».

Ce classificateur ne se traduit pas en français bien qu'il signifie « une unité de ». On peut percevoir sa fonction en retenant la différence suivante :

- 一月 **yīyuè**, *janvier* (= n° 1-mois) ; **sān yuè**, *mars* (= n° 3-mois) ;
- 一个月 **yī ge yuè**, *un mois* (= une unité mois) ; **sān ge yuè**, *trois mois*.

一月 **yī yuè**, *janvier*
一个月 **yī ge yuè**, *un mois*

❹ Cherchez l'ordre des mots pour demander à Liangyue si elle aime nager.

喜欢	你	吗?	游泳
xǐhuān	nǐ	ma ?	yóuyǒng

CHAPITRE 14 : HARBIN

5 Observez, puis traduisez la réponse de Liangyue.

Sinogrammes	Transcription pinyin	Sens
夏天	**xiàtiān** [ssia-t'ienn]	*été*
行	**xíng**	*ça marche, d'accord, O.K.*
不行	**bù xíng**	*pas d'accord, pas possible*

夏天可以，冬天不行！
Xiàtiān kěyǐ, dōngtiān bù xíng !

....

Proposer une activité

On nomme d'abord l'activité, puis on demande l'avis de l'interlocuteur avec 怎么样？ **zěnmeyàng ?** *comment ?* qui signifie alors : *Qu'en penses-tu ? Comment tu trouves ? Ça te plaît ? Ça te dirait ?* Par exemple : 去东北怎么样？ **Qù Dōngběi zěnmeyàng ?** *Et si on allait au Nord-Est ?*

Si on ajoute un repère temporel, il faut alors le placer en tête de phrase, ou en tout cas avant le verbe : 这个周末去东北怎么样？ **Zhè ge zhōumò qù Dōngběi zěnmeyàng ?** *Et si on allait au Nord-Est ce week-end ?*

周日	周一	周二	周三	周四	周五	周六
1	2	3	4	5	6	7
8	9	10	11	12	13	14
15	16	17	18	19	20	21
22	23	24	25	26	27	28
29	30	31				

这个周末
zhè ge zhōumò
ce week-end

CHAPITRE 14 : HARBIN

Un couple, deux prénoms, deux noms de famille et des enfants

Dans la jeune famille 张 **Zhāng**, le mari s'appelle 张平和 **Zhāng Pínghé** [djang p'ing-h'e] : il a pour patronyme 张 **Zhāng** et pour prénom **Pínghé** (= plat-harmonie), qui signifie *gentil, paisible*. En inversant les deux caractères de ce prénom, on obtient le mot 和平 **hépíng**, *paix*.

La femme a pour prénom 亮月 **Liàngyuè** [liang-yué], littéralement « brillant-lune », ce que l'on peut considérer comme une inversion de 月亮 **yuèliàng** (= lune-brillance), *la Lune*. Les Chinoises gardent leur patronyme après leur mariage : le père de Liangyue ayant pour nom de famille 李 **Lǐ**, la jeune femme s'appelle donc 李亮月 **Lǐ Liàngyuè**.

Comme Zhang Pinghe et Li Liangyue étaient fils et fille uniques dans leur famille respective, ils ont le droit d'avoir deux enfants. Cette règle de natalité répond à deux objectifs sociétaux : parer au vieillissement trop rapide de la population, ce qui alourdit la charge financière des actifs, tout en prévenant un bond démographique. Si le couple donne naissance à plus de deux enfants, il lui faudra s'acquitter d'un impôt spécifique. Ce qui signifie que les familles nombreuses de RPC sont riches… ou plusieurs fois divorcées. Mais la population totale semble désormais amorcer une décrue. Si cette tendance se confirme, la politique de natalité évoluera.

En Chine comme au Japon, le nom de famille précède le prénom. Mais quand un Chinois ou Japonais vit à l'étranger, les choses se compliquent car l'ordre d'origine se trouve souvent inversé par les coutumes occidentales.

Tracé des signes

nǚ, *féminin* ; 女人 **nǚrén**, *femme*

ge (classificateur) ; 一个女人 **yī ge nǚrén**, *une femme* ; 这个女人 **zhè ge nǚrén**, *cette femme*

CHAPITRE 14 : HARBIN

Glace et grue de Mandchourie

Capitale économique et politique de la province du *Heilongjiang* (黑龙江 **Hēilóngjiāng**), Harbin est localisée sur les rives du fleuve Songhua. *Bonsoir la rose*, un roman de Chi Zijian, peut vous y transporter tout autant qu'un lointain voyage…

Du fait de son passé mandchou, russe, japonais et chinois, la ville regorge de styles architecturaux : gothique, byzantin, russe, européen, colonial… On y trouve par exemple des églises catholiques, orthodoxes, deux synagogues, une mosquée qui date de 1897 sous la dynastie Qing, une pagode bouddhiste et un temple de Confucius. Les maisons traditionnelles chinoises ne se voient qu'en zone rurale, très loin du centre urbain hérissé de gratte-ciel et entouré de petits quartiers chics ou populaires, et d'une périphérie pauvre.

C'est au parc Zhaolin que se déroule chaque hiver la fête des Lanternes de glace, du 5 janvier jusqu'à mi-février. La préparation de cette incroyable exposition de sculptures sur glace est une tâche éprouvante pour les ouvriers : douze heures par jour, ils extraient à la corde du sol gelé des blocs d'une tonne ! « Ici, je gagne le tiers de mon salaire annuel en 20 jours », dit l'un d'eux. La féerie a un prix, en effet. Hormis ce festival, au goût très kitsch, petits et grands peuvent s'essayer à la natation d'hiver, au patinage, au ski ou à la promenade en traîneau à proximité.

Un musée expose des photos et documents de l'abominable Unité 731. Elle fut créée sur mandat impérial japonais en 1932 et mena pendant la Seconde Guerre mondiale des expérimentations bactériologiques sur des prisonniers et paysans chinois de la région. La visite est déconseillée aux enfants car ce lieu funeste glace le sang – et le film aussi (*Camp 731, Men Behind the Sun*, 黑太阳 **Hēi tàiyáng** (= noir soleil)).

Puissent les élégantes grues de Zhalong dissiper la folle cruauté humaine et alléger nos cœurs tandis qu'elles gambadent et craquettent, toutes ailes déployées, sur les neiges du parc naturel. Ce grand échassier dit *grue des immortels* (仙鹤 **xiānhè**) symbolise la longévité car les divinités taoïstes d'antan les chevauchaient pour parcourir les cieux. À l'origine migrateur, ce bel oiseau est désormais une espèce protégée et souvent nourri par l'homme.

Bravo, vous êtes venu à bout du chapitre 14 ! Il est maintenant temps de comptabiliser les icônes et de reporter le résultat en page 128 pour l'évaluation finale.

15 Delta

Tu le sais ?

Hong Kong, Nouveaux Territoires : Sheung Shui est l'avant-dernière station de MTR (Mass Transit Railway) avant la frontière chinoise et la fameuse ville industrielle de Shenzhen.

À Sheung Shui, dans une cuisine au quinzième étage, 哥哥 **gēge**, *le grand frère*, aide 弟弟 **dìdi**, *son petit frère*, à préparer un test scolaire de chinois oral. La famille parle cantonais au quotidien, mais comme le test se déroulera en chinois standard (mandarin), l'aîné s'efforce de prononcer chaque mot de façon standard.

Gēge : « Quel est le point commun entre la Banque de Chine à Hong Kong et le Louvre à Paris ? » **Dìdi** a dû sauter un paragraphe du cours : « 我不知道。» **Wǒ bù zhīdào.** *Je ne sais pas.* Le grand frère ne sait pas non plus, il consulte le corrigé. Solution : le point commun est l'architecte américain d'origine cantonaise Bèi Yùmíng, connu internationalement sous le nom de Ieoh Ming Pei. C'est lui qui a conçu la pyramide du Louvre (1988) et la tour de la Banque de Chine à Hong Kong (1989). Il est vrai que ces deux œuvres n'ont en commun que la juxtaposition de triangles △ ou losanges ◇ de verre feuilleté en façade, rien de plus.

Le quiz continue. **Gēge** : « Qu'est-ce qui relie Hong Kong, Canton, Shenzhen, Zhuhai et Macao ? » **Dìdi** pense métro, ferry, train, avion, route, pont… Une carte se dessine dans sa tête avec, bien sûr, le pont de 55 km qui relie Hong Kong à Zhuhai et Macao.

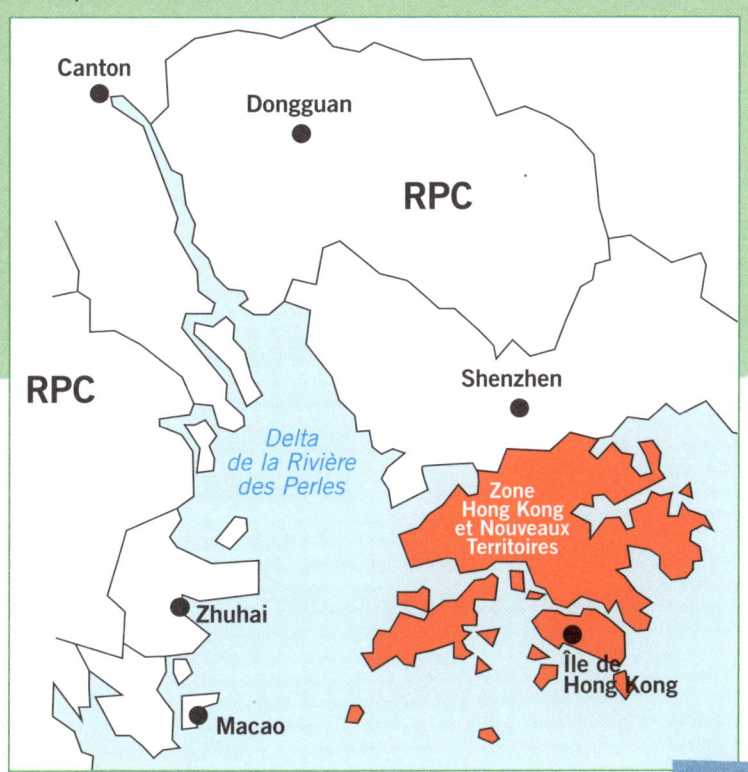

CHAPITRE 15 : DELTA

1 Quiz : « Qu'est-ce qui relie Hong Kong, Canton, Shenzhen, Zhuhai et Macao ? Tu le sais ? »
Traduisez la réponse du petit frère. Consultez la carte du Delta pour traduire cet échange.

Sinogrammes	Transcription pinyin	Sens
知道	**zhīdào** [djeu-dao]	*savoir*
珠江	**Zhūjiāng** [djou-tyang]	*rivière des Perles* (= perle-fleuve)
对	**duì** [doué]	*exact*
就是	**jiù shì** [tyo'ou sheu]	*c'est-à-dire* (= alors être)
珠三角	**Zhūsānjiǎo** [tyiao]	*delta de la rivière des Perles* (= perle-trois-angle)

哥哥：你知道吗？ **Gēge : Nǐ zhīdào ma ?**

弟弟：知道，是珠江！ **Dìdi : Zhīdào, shì Zhūjiāng !**

哥哥：对，就是珠三角。 **Gēge : Duì, jiù shì Zhūsānjiǎo.**

2 Observez, puis traduisez la réponse de l'aîné.

Sinogrammes	Transcription pinyin	Sens
他	**tā**	*il*
生在	**shēng zài**	*être né à*
广州	**Guǎngzhōu** [gouang-djo'ou]	*Canton* (la ville)
现在	**xiànzài** [ssienn-dzaï]	*maintenant, à présent*
美国人	**Měiguórén**	*Américain, personne américaine*

哥哥：他生在广州，现在是美国人。
Gēge : Tā shēng zài Guǎngzhōu, xiànzài shì Měiguórén ?

CHAPITRE 15 : DELTA

3 Le cadet a une question qui lui trotte dans la tête à propos de l'architecte Pei.

Sinogrammes	Transcription pinyin	Sens
贝	**Bèi**	ici un nom de famille
先生	**xiānshēng** [ssienn-sheung]	*monsieur*
香港	**Xiānggǎng** [ssiang-gang]	*Hong Kong* (= parfum-port)
香港人	**Xiānggǎngrén** [jenn]	*Hongkongais, personne de Hong Kong*

弟弟：贝先生是香港人吗？
Dìdi : Bèi xiānshēng shì Xiānggǎngrén ma ?

英国
Yīngguó

中国
Zhōngguó

香港
Xiānggǎng

澳门
Aòmén Macao

Les cinq étoiles du drapeau chinois sont reproduites sur les drapeaux régionaux de Hong Kong et Macao parce que ces deux anciennes colonies (britannique et portugaise) ont été rétrocédées à la RPC en 1997 et 1999.

Naître, habiter, aller à l'école et travailler à…

Certains verbes de sens statique (naître à, habiter à, etc.) sont suivis de 在 **zài** pour marquer le lieu, mais les verbes d'action proprement dite sont précédés du complément de lieu introduit par 在 **zài**. Exemples :

弟弟说：我爸爸生在广州，现在住在香港。
Dìdi shuō : Wǒ bàba shēng zài Guǎngzhōu, xiànzài zhù zài Xiānggǎng.
Le cadet dit : Papa est né à Canton (et) il habite à Hong Kong maintenant.

我在上水上学，将来可能去深圳找工作。
Wǒ zài Shàngshuǐ* shàng xué, jiānglái kěnéng qù Shēnzhèn zhǎo gōngzuò.** *Je vais à l'école à Shangshui (et) peut-être que dans l'avenir j'irai chercher du travail à Shenzhen.*

* Se prononce [sheung shui] en cantonais, voir en tête de chapitre.
** Shenzhen : ville frontalière de RPC.

CHAPITRE 15 : DELTA

4 Observez, puis traduisez l'échange entre les deux frères.

Sinogrammes	Transcription pinyin	Sens
问	**wèn**	*demander, poser une question*
哪里?	**nǎli ?**	*où ?*

哥哥：弟弟，我问你：你是哪里人？
Gēge : Dìdi, wǒ wèn nǐ, nǐ shì nǎli rén ?

....

弟弟：我是中国人也是香港人，我住在上水。
Dìdi : Wǒ shì Zhōngguórén yě shì Xiānggǎngrén, wǒ zhù zài Shàngshuǐ.

....

Fratrie

Entre frères et sœurs, il est possible d'utiliser le prénom, mais le plus souvent on s'appelle selon la préséance des naissances : 哥哥 **gēge**, *grand frère* ; 弟弟 **dìdi**, *petit frère* ; 姐姐 **jiějie**, *grande sœur* ; 妹妹 **mèimei**, *petite sœur*. Et si jamais vous avez deux frères aînés, vous direz : 大哥和二哥 **dàgē hé èrgē**, *grand grand frère* et *deuxième grand frère*, des termes pas vraiment traduisibles !

5 À l'aide de l'indice ci-dessous, reliez chaque sinogramme à son équivalent français.

珠三角：港珠澳大桥
Zhūsānjiǎo : Gǎng-Zhū-Aò daqiáo
Delta de la rivière des Perles : Grand pont Hong Kong-Zhuhai-Macao (depuis 2018)

港 **gǎng** • • parfumé
珠 **zhū** • • port
澳 **aò** • • perle
大 **dà** • • mer
香港 **Xiānggǎng** • • porte
珠海 **Zhūhǎi** • • Macao
澳门 **Aòmén** • • pont
大桥 **dà qiáo** • • grand
• baie

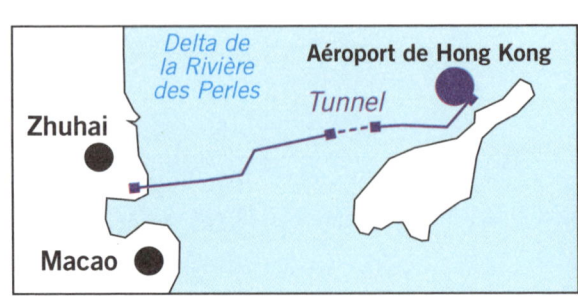

CHAPITRE 15 : DELTA

6 Observez, puis traduisez le projet d'avenir du frère aîné.

Sinogrammes	Transcription pinyin	Sens
将来	**jiānglái**	*dans l'avenir, plus tard*
可能	**kěnéng**	*peut-être, peut-être que*
找	**zhǎo**	*chercher*

哥哥：我将来可能去珠海找工作。
Gēge : Wǒ jiānglái kěnéng qù Zhūhǎi zhǎo gōngzuò.

....

Tracé des signes

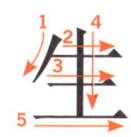 生　生　生　生　生

shēng, *naître* ; 生在巴黎 **shēng zài Bālí**, *être né à Paris*

 住　住　住　住　住

zhù, *habiter* ; 住在香港 **zhù zài Xiānggǎng**, *habiter à Hong Kong*

Le delta vu par dìdi…

Une conurbation se définit comme un ensemble de noyaux urbains dont les banlieues finissent par se rejoindre. Les villes du delta correspondent bien à cette définition. Quoi qu'il en soit, les révisions du *petit frère* (弟弟 **dìdi**) continuent et il doit savoir présenter en quelques mots cinq villes du delta. Voici ce qu'il dit, en toute candeur, et on espère que ça ira pour réussir le test scolaire :

« 广州 **Guǎngzhōu** (*Canton*) est la capitale de la province du Guangdong avec une population de 14 millions d'habitants, euh… à peu près… Les ancêtres de ma famille sont enterrés là-bas.

CHAPITRE 15 : DELTA

深圳 **Shēnzhèn** est un ancien bourg de pêche choisi par Deng Xiaoping pour devenir la première zone économique spéciale de RPC. La ville abrite 12 millions d'habitants, mais ils sont difficiles à compter parce qu'ils bougent tout le temps… C'est une ville industrielle dynamique, une usine internationale. Shenzhen s'est développé grâce à la proximité de Hong Kong, à ses bas salaires et à son port de containers, le deuxième après Shanghai. Beaucoup de gens trouvent un job là-bas.

香港 **Xiānggǎng** (*Hong Kong*) a été cédé aux Britanniques en 1842 par le traité de Nankin, puis rendu à la Chine en 1997. C'est un centre financier important, une ville cosmopolite où on parle au moins trois langues par jour : cantonais, mandarin, anglais. Hong Kong a 7 millions d'habitants qui aiment les fruits de mer, le « yam cha » 饮茶 (brunch cantonais collectif avec du thé), le cinéma, les courses de chevaux, les parapluies, euh… Hong Kong et les Nouveaux Territoires forment une zone administrative spéciale, mais on ne sait pas trop ce que ça veut dire pour l'avenir.

珠海 **Zhūhǎi** est située en RPC, au nord de Macao, comme Shenzhen est en RPC, au nord de Hong Kong. C'est une petite ville de 1,6 million d'habitants avec de jolis jardins. Grand frère, si tu vas travailler là-bas, il faudra que tu traverses le grand pont tous les jours ?

澳门 **Aòmén** (*Macao*) était le premier établissement portugais en Chine, depuis 1557. La ville est redevenue chinoise en 1998 ou 1999 et n'a que 650 000 habitants. C'est très touristique avec plein de casinos partout. Papa m'a raconté qu'il a connu des ouvriers hongkongais, passionnés de jeu d'argent, qui misaient même leur ticket de retour à Hong Kong en ferry… Grand frère, tu crois qu'ils pourraient rentrer à pied par le grand pont, ceux-là ? »

Bravo, vous êtes venu à bout du chapitre 15 ! Il est maintenant temps de comptabiliser les icônes et de reporter le résultat en page 128 pour l'évaluation finale.

16
Cheval

Comment dit-on ?

Le 15 octobre, 23 heures, la nuit est étoilée. Li Ming, face au sud-est, observe tantôt le ciel tantôt sa tablette à bout de bras.

Marie : 李明，你在看星星吗？ **Lǐ Míng, nǐ zài kàn xīng-xīng ma ?** *Li Ming, tu regardes les étoiles ?*

Li Ming : 我在找飞马，"飞马"法文怎么说？ **Wǒ zài zhǎo Fēimǎ, « Fēimǎ » fǎwén zěnme shuō ?** *Je suis en train de chercher Feima, comment dit-on « Fēimǎ » en français ?* Je l'ai trouvé ! Regarde ce carré, Marie, et regarde le nom chinois de la constellation inscrit sur la tablette…

Marie : 飞马！ **Fēimǎ !** *Le cheval volant !* Je n'imaginais pas Pégase comme ça…

Li Ming : Voilà sa tête, ses pattes avant…

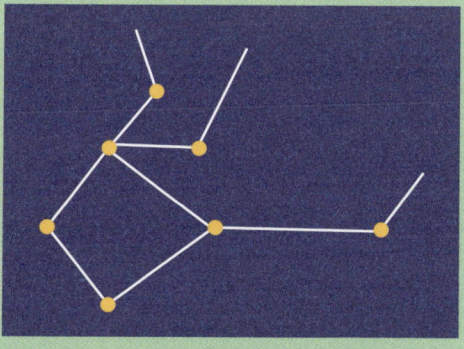

Li Ming : En chinois, nous avons beaucoup d'expressions liées au cheval. Par exemple : 马到成功 **Mǎ dào chénggōng** (= cheval arriver succès), 宝马香车 **Bǎo mǎ xiāng chē** (= trésor cheval parfum voiture), 走马看花、等等 **Zǒu mǎ kàn huā** (= marche cheval regarder fleur), **děng-deng**, etc.

Marie : Je ne connais que 走马看花 **Zǒu mǎ kàn huā**, « regarder les fleurs du haut de son cheval », ce qui veut dire en fait « être négligent », « jeter un coup d'œil rapide », « ne pas s'embarrasser de détails ».

Li Ming : L'expression provient d'une histoire d'amour un peu originale. Il était une fois un jeune homme boiteux et malheureux en amour…

Marie : Et une fille avec un vilain nez, qui se morfondait chez ses parents… J'ai oublié la suite.

Li Ming : Une première rencontre est organisée par un ami des deux familles : le jeune homme passera à cheval devant le domicile de la demoiselle tandis que celle-ci se tiendra sur le pas de la porte et humera une fleur pour cacher son nez. La rencontre a lieu comme prévu, les tourtereaux se plaisent de loin, le mariage est conclu. Le jour de la cérémonie, elle approche voilée de rouge selon la coutume et lui en chaise à porteur…

Marie : Surprise le soir des noces !

CHAPITRE 16 : CHEVAL

1 Observez, puis traduisez la phrase finale.

Sinogrammes	Transcription pinyin	Sens
他的腿	**tā de tuǐ** [t'oué]	*sa jambe* (= lui de jambe)
有毛病	**yǒu máobìng**	*avoir un défaut, un problème, quelque chose qui ne va pas*
能	**néng**	*pouvoir, être capable de*
走路	**zǒu lù**	*marcher* (= marcher route)

他的腿有毛病，不能走路。
Tā de tuǐ yǒu máobìng, bù néng zǒu lù.

....

Ma mère, pas mon cheval !

Les adjectifs possessifs se forment facilement à partir des pronoms personnels. Il suffit d'ajouter la particule 的 **de** : 我的马 **wǒ de mǎ**, *mon cheval* ; 你的车 **nǐ de chē**, *ta voiture* ; 他的腿 **tā de tuǐ**, *sa jambe, ses jambes*.

La particule 的 **de** est souvent omise à la première personne, donc avec 我 **wǒ**, pour désigner les personnes de l'entourage. C'est pourquoi on dira 我妈 **wǒ mā** ou 我妈妈 **wǒ māma** pour *ma mère, maman*. Mais on dira 我的马 **wǒ de mǎ** pour *mon cheval*. Attention, le ton diffère ! Premier ton haut et continu pour **mā**, *mère*, mais troisième ton grave pour **mǎ**, *cheval*.

2 Observez, puis traduisez la phrase finale.

Sinogrammes	Transcription pinyin	Sens
她的鼻子	**tā de bízi** [bi-dzeu]	*son nez* (= elle de nez)
好看	**hǎokàn**	*joli, beau* (= bon-regarder)

她的鼻子有毛病，不好看。
Tā de bízi yǒu máobìng, bù hǎokàn.

....

CHAPITRE 16 : CHEVAL

3 **Complétez la transcription et la traduction de ce tableau.**

Les pays	Les personnes	Les langues
中国 **Zhōngguó**	中国人 **Zhōngguórén** les Chinois, personne de nationalité chinoise	中文 **zhōngwén** la langue chinoise (et l'écriture)
法国 **Făguó** la France	法国人 **Făguórén**	法文 ....
德国 **Déguó** l'Allemagne	德国人	德文 ....

4 **Observez, puis traduisez les deux questions finales.**

Sinogrammes	Transcription pinyin	Sens
马	**mă**	*cheval*
虎	**hŭ** [h'ou]	*tigre*
马马虎虎	**mămahūhū**	*comme-ci comme-ça, négligemment (= cheval-cheval-tigre-tigre*)*
意思	**yìsi**	*sens, signification*

"马马虎虎"什么意思？法文怎么说？
« **Mămahūhū** » shénme yìsi ? Făwén zěnme shuō ?

....

*C'est un cheval ou un tigre, disons que ce n'est pas clair, très approximatif.

89

Mariage arrangé

Le « mariage arrangé » d'antan n'est plus de mise en Chine puisque les jeunes préfèrent se connaître avant de s'engager, bien sûr. Même les anciens disent : « Le mariage est la grande affaire d'une vie humaine, on ne peut pas décider à l'aveuglette. »

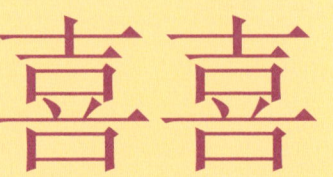

Pour autant, il reste une trace de l'ancienne coutume. Sous Mao, les usines cherchaient à marier leurs employés célibataires. Ce que le Parti communiste assurait à cette époque, ce sont aujourd'hui les parents des célibataires endurcis qui s'en soucient : ils cherchent un ou une partenaire pour leur fils ou fille trentenaire. À cet effet, des parents se rencontrent dans certains parcs publics. Ne prenez pas de photo, les gens seraient contrariés.

5 Cherchez l'ordre des mots pour retrouver le conseil des anciens.

马马	是	人生	结婚	大事	,	不能	虎虎	!
mǎma	shì	rénshēng	jié hūn	dà shì		bù néng	hūhū	
cheval-cheval	être	vie humaine	se marier, mariage	chose importante		on ne peut pas	tigre-tigre	

6 Observez, puis traduisez le souci de cette mère.

Sinogrammes	Transcription pinyin	Sens
儿子	érzi [er-dzeu]	*fils* (vs. fille)
三十岁	sān shí suì [soué]	*trente ans* (= trois dix ans)
还没有	hái méi yǒu	*ne pas encore avoir* (action inaccomplie)

我妈说：“我儿子三十岁，还没有结婚。”
Wǒ mā shuō : « Wǒ érzi sān shí suì, hái méi yǒu jié hūn. »

CHAPITRE 16 : CHEVAL

Calèche, triporteur, voiturette, etc.

Après des années de passion pour les rutilantes *voitures de prestige* (宝马香车 **bǎo mǎ xiāng chē** = trésor cheval parfumé calèche), l'amour fou continue… Mais des véhicules électriques ou hybrides, de production chinoise, sont apparus sur le marché et ils se vendent bien. De sorte que l'on peut voir dans les vieilles ruelles pékinoises un petit embouteillage avec un archaïque *triporteur* (三轮车 **sānlúnchē** = trois-roue-véhicule), une voiturette flambant neuve et une grosse cylindrée qui en impose !

7 Observez, puis traduisez cet échange entre mère et fille.

Sinogrammes	Transcription pinyin	Sens
女儿	**nǚ'ér**	*fille* (vs. fils)
男女	**nán nǚ**	*masculin* (et) *féminin, garçon* (et) *fille*
男朋友	**nán péngyou**	*copain, compagnon, ami*
多少钱？	**Duōshao qián ?**	*Combien ça coûte ?* (= combien argent)

女儿：我男朋友买了个小车。
Nǚ'ér : Wǒ nán péngyou mǎi-le ge xiǎo chē.

....

妈妈：多少钱？
Māma : Duōshao qián ?

....

女儿：不知道！
Nǚ'ér : Bù zhīdào !

....

* Le mot « fille » a deux sens en français : fille (par opposition à fils) et fille (par opposition à garçon).

CHAPITRE 16 : CHEVAL

8 Sachant que « mon copain » se dit 我男朋友 (voir l'exercice 7), comment direz-vous « ma copine » ?

Tracé des signes

nán, *masculin* ; 男女 **nán-nǚ**, *garçons (et) filles, hommes (et) femmes*.
Tracer le champ 田 **tián** (contour : traits 1, 2 ↓ ⏋ ; intérieur : traits 3, 4 → ↓ ; fermeture du champ : trait 5 →). Puis tracer la force 力 **lì** en dessous en suivant les numéros 6-7.

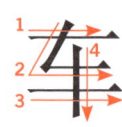

chē, *voiture, véhicule* ; 小车 **xiǎo chē**, *petite voiture*

Un cheval perdu

En une région frontalière vivait jadis un vieil homme appelé 塞翁 **Sàiwēng** (= frontière-vieillard). Sa famille ne roulait pas sur l'or, du moins possédait-elle un *cheval* (一匹马 **yī pǐ mǎ**), une ressource fort précieuse en ce temps-là.

Au printemps, le cheval disparut. On scruta l'horizon, fit le tour des points d'eau où il aurait dû s'abreuver : nulle trace de sabots. Quand les voisins vinrent compatir à une perte si dommageable, le *vieil homme* (老人 **lǎorén**) se tut, puis finit par dire : « Il est certes malheureux de *perdre un cheval* (失马 **shī mǎ**), mais qui sait, peut-être s'en suivra-t-il quelque chose d'heureux. »

Peu après l'étalon revint, suivi d'une fringante jument. La trouvaille était prometteuse : le fils de Saiweng deviendrait-il maquignon ? Les voisins accoururent : 走运了!

Zǒu yùn le ! *Vous avez de la chance !* Saiweng ne souffla mot, mais pressé de toute part, finit par dire : « Je ne sais pas si c'est une *bonne chose* (好事 **hǎo shì**). Seul l'avenir le dira. » Les voisins s'en retournèrent déçus.

La jument se montra si sauvage que le fils de Saiweng entreprit de la débourrer. Patiemment, il parvint à la sceller, la monter et la faire trotter sur les chemins alentour sans qu'elle s'effarouche. Un jour qu'il galopait dans la steppe, la jument heurta une pierre, ce qui précipita le cavalier à terre. Il se releva mais, incapable de marcher, ce fut évanoui sur l'encolure de sa fière monture qu'il rentra chez son père. Les voisins affluèrent pour se lamenter du mauvais sort. Saiweng se contenta de marmonner : « Allez savoir si ce n'est pas une bonne chose de se casser la jambe. » Mais cette fois personne ne voulut l'entendre !

Or, cet été-là, la guerre fut déclarée sur la frontière et la préfecture enrôla les villageois alentour. Tous partirent guerroyer, sauf le vieux Saiweng et son fils estropié. Et lorsqu'au printemps suivant, la paix fut conclue, aucun des hommes enrôlés ne revint jamais.

Depuis lors, 塞翁失马 **Sàiwēng shī mǎ**, « Saiweng perd son cheval » est devenu une expression qui signifie « Qui sait ce que demain nous réserve », « Allez savoir si ce qui arrive est une bonne ou une mauvaise chose .»

Bravo, vous êtes venu à bout du chapitre 16 ! Il est maintenant temps de comptabiliser les icônes et de reporter le résultat en page 128 pour l'évaluation finale.

17 Singe

Je suis né en…

On vous demande votre âge : 你多大？   **Nǐ duō dà ?**
Quel âge as-tu ? (= tu combien grand ?)

Vous pouvez répondre en indiquant votre année de naissance :
我是2004年出生的。   **Wǒ shì èr líng líng sì nián chūshēng de.**
Je suis né(e) en 2004.

Et vous pouvez commenter en disant ceci :
我是属猴的。**Wǒ shì shǔ hóu de.**
Je suis du signe du singe.

Le cycle de 12 ans du calendrier traditionnel est symbolisé par 12 animaux, dont le singe. Dans l'ordre : 1. rat ou souris ; 2. bœuf ou vache ou buffle ; 3. tigre ; 4. lapin ; 5. dragon ; 6. serpent ; 7. cheval ; 8. mouton ou chèvre ; 9. singe ; 10. coq ; 11. chien ; 12. cochon ou sanglier.

❶ Observez, puis traduisez la question sur l'âge et la réponse astrologique.

Sinogrammes	Transcription pinyin	Sens
多大？	**duō** [dou'o] **dà ?**	*quel âge ?* (= combien grand ?)
属	**shǔ**	*appartenir à, être du signe de*
是……的	**shì… de**	*être* (pour encadrer un groupe verbal)
猴(子)	**hóu(zi)** [h'oou-tzeu]	*singe*
猜	**cāi** [tsaï]	*deviner*

你多大？
Nǐ duō dà ?

....

我是属猴的……你猜我多大！
Wǒ shì shǔ hóu de… nǐ cāi wǒ duō dà !

....

CHAPITRE 17 : SINGE

Forme minimale et forme pleine

Dans l'exercice 1 ci-contre, le monosyllabique 猴 **hóu** suffit à comprendre « singe ». Mais supposons qu'on ait besoin de clarifier davantage à l'oral, on peut alors utiliser le mot suffixé : 猴子 **hóuzi**.

Cette alternative entre forme concise minimale et forme pleine en deux syllabes est très fréquente en chinois. Par exemple pour *ma mère, maman* 我妈 **wǒ mā**, ou bien 我妈妈 **wǒ māma**.

2 Observez, puis traduisez la phrase finale concernant l'année de naissance.

Sinogrammes	Transcription pinyin	Sens
零	**líng**	*zéro*
四	**sì**	*quatre*
年	**nián**	*année*
出生	**chūshēng** [tchou-sheng]	*être né* (= sortir-naître)

我是二零零四年出生的。
Wǒ shì èr líng líng sì nián chūshēng de.

....

L'âge et l'année de naissance

En chinois, l'année civile s'énonce chiffre à chiffre en ajoutant ensuite le mot 年 **nián**, *année* :

二零零四年 **èr líng líng sì nián** (= 2-0-0-4 année), *en 2004*.

L'usage des chiffres arabes est très courant désormais : 2020 年 **èr líng èr líng nián**.

Il ne faut pas confondre l'âge d'une personne (qui se compte en 岁 **suì**) avec l'année civile (qui se numérote en 年 **nián**). Par exemple : 我的女儿今年三十岁。 **Wǒ de nǚér jīnnián sān shí suì.** *Ma fille a 30 ans* (**suì**) *cette année* (**nián**). Ou encore : 孩子今年三岁。 **Háizi jīnnián sān suì.** *Mon enfant a 3 ans cette année.*

CHAPITRE 17 : SINGE

3 Si nécessaire, revenez aux exercices précédents pour comprendre cet échange entre un étranger et un Chinois.

Sinogrammes	Transcription pinyin	Sens
外国人	**wàiguórén** [jenn]	*(un) étranger* (= extérieur-pays-personne)
中国人	**Zhōngguórén**	*personne chinoise* (= Chine-personne)
哪一年？	**nǎ yī nián ?**	*en quelle année ?*
那	**nà**	*alors, dans ce cas*
属羊	**shǔ yáng**	*être du signe du mouton*

（一）外国人：我不知道我属什么。
(yī)   Wàiguórén : Wǒ bù zhīdào wǒ shǔ shénme ?

（二）中国人：你是哪一年出生的？
(èr)   Zhōnguórén : Nǐ shì nǎ yī nián chūshēng de ?

（三）外国人：2003年。
(sān) Wàiguórén : Èr líng líng sān nián.

（四）中国人：那你是属羊的。
(sì)   Zhōngguórén : Nà nǐ shì shǔ yáng de.

我属猴，你属羊，他属什么？

Wǒ shǔ hóu,   **nǐ shǔ yáng,**   **tā shǔ shénme ?**

CHAPITRE 17 : SINGE

Aventureux

On dit que les natifs de l'année du singe sont curieux de nature, vifs, ingénieux, joueurs, farceurs, parfois agités, voire arrogants… Et surtout, ils adorent tout défi aventureux.

Le singe Sun Wukong, une main en visière et un long bâton dans l'autre, vous est sans doute familier. Très populaire en Asie, il figure souvent sur les vêtements, cahiers ou jouets d'enfants.

Lorsqu'au VIIe siècle, le moine et grand traducteur Xuan Zang (602-664) quitte la capitale Xi'an en quête du canon bouddhiste conçu en Inde, Sun Wukong l'accompagne et déjoue chaque péril qui guette le saint homme sur les chemins de l'Ouest. Cette lointaine expédition pédestre est un fait historique avéré et le sujet du film *Xuanzang* (2016). En revanche, le singe « pèlerin » n'est qu'une invention du roman fantastique du XVIe siècle : *La Pérégrination vers l'Ouest* 西游记 **Xī Yóu Jì**.

4 Observez, puis traduisez la longue phrase finale.

Sinogrammes	Transcription pinyin	Sens
昨天	**zuótiān** [dzou'o-t'ienn]	*hier*
上网	**shàng wǎng**	*aller sur Internet*
湖北	**Húběi**	*une province de Chine centrale*
金猴	**jīnhóu** [dyinn-h'oou]	*singe doré, rhinopithèque de Roxellane* (= or-singe)
有意思	**yóu yìsi** [yi-seu]	*être intéressant* (= avoir sens)

我昨天上网看了湖北的金猴，很有意思！
Wǒ zuótiān shàng wǎng kàn-le Húběi de jīnhóu, hěn yǒu yìsi !

好玩儿
hǎowánr
drôle

很有意思
hěn yǒu yìsi
très intéressant

没有意思
méi yǒu yìsi
ennuyeux

CHAPITRE 17 : SINGE

 5 Observez, puis choisissez une fin de phrase à votre convenance.

Sinogrammes	Transcription pinyin	Sens
觉得	**juéde** [dyüé-de]	*trouver que, avoir l'impression que*
这些猴子	**zhè xiē** [dje ssié] **hóuzi**	*ces singes*
没有意思	**méi yǒu yisi**	*pas intéressant, ennuyeux*
不好看	**bù hǎokàn**	*pas beau (= pas bon-regarder)*
很聪明	**hěn cōngmíng**	*très malin, intelligent*
好玩儿	**hǎowánr**	*amusant (= bon-jouer)*

我觉得这些猴子 ....

Wǒ juéde zhè xiē hóuzi ....

Singulier et pluriel

Vous souvenez-vous de la suite {numératif + classificateur + nom} ? Par exemple : 一个人 **yī ge rén**, *une personne, quelqu'un*. Un tel groupe nominal peut être pluralisé grâce au classificateur du pluriel 些 **xiē**. On obtient : 一些人 **yī xiē rén**, *des gens, des personnes, quelques personnes.*

Le même schéma s'applique à la suite {démonstratif + classificateur + nom}. Par exemple : 这个人 **zhè ge rén**, *cette personne*, peut être pluralisé grâce à 些 **xiē**. On obtient : 这些人 **zhè xiē rén**, *ces gens, ces quelques personnes.* C'est pourquoi vous avez vu dans l'exercice 5 : 这些猴子 **zhè xiē hóuzi**, *ces singes.*

 6 Numérotez chronologiquement les trois repères temporels suivants.

今天　　　明天　　　昨天
jīntiān　　**míngtiān**　　**zuótiān**

....　　.............　　.............

CHAPITRE 17 : SINGE

7 Entraînez-vous à dire les années pour répondre à cette question.

属猴是哪一年出生？

Shǔ hóu shì nǎ yī nián chūshēng ?

Le signe du singe correspond à quelles années de naissance ?

....

....

....

1956	年	**yī jiǔ wǔ liù nián**	2004	年	**èr líng líng sì nián**
1968	年	**yī jiǔ liù bā nián**	2016	年	**èr líng yī liù nián**
1980	年	**yī jiǔ bā líng nián**	2028	年	**èr líng èr bā nián**
1992	年	**yī jiǔ jiǔ èr nián**			etc. (selon un cycle de 12 ans)

Tracé des signes

今 **jīn**, *actuel, présent* ; 今天 **jīntiān**, *aujourd'hui*

年 **nián**, *année (du calendrier)* ; 今年 **jīnnián**, *cette année*

CHAPITRE 17 : SINGE

Trois le matin et quatre le soir

Au pays de Song vivait jadis un homme surnommé « Sieur Macaque » parce qu'il adorait la compagnie des singes. Une joyeuse ribambelle s'étant installée non loin de chez lui, il allait à l'orée du bois leur offrir chaque jour une poignée de cacahuètes.

Avec le temps, l'homme avait saisi chaque trait de caractère de ses amis singes et ceux-ci avaient fini par comprendre le langage de leur bienfaiteur.

D'ordinaire, s'il n'y avait plus de cacahuètes, les singes bénéficiaient de restes de céréales. Mais cette année-là, après une sécheresse, les réserves en grain baissaient à vue d'œil et Sieur Macaque savait que bientôt, les vivres de sa maisonnée viendraient à manquer. Alors il s'en fut cueillir des glands de-ci de-là pour contenter ses turbulents compagnons. C'est alors qu'il décida de rationner les parts car même les glands se raréfiaient.

« Écoutez-moi, leur dit l'homme, désormais vous aurez chacun trois glands le matin et quatre le soir, d'accord ?

– Pas d'accord ! » hurlèrent les singes furieux en sautant et criant de toute part.

Le bienfaiteur s'émut de leur colère, il lui fallait trouver une solution bien qu'il n'en eût point…

« Eh bien dans ce cas, mes amis, vous aurez chacun… » Les singes font silence, guettent leur maître et tendent l'oreille : « Eh bien dans ce cas mes amis, vous aurez chacun… QUATRE GLANDS le matin… » À ces mots, la horde bondit de joie et crie victoire à tue-tête sans écouter la suite : « QUATRE GLANDS le matin, oui, oui, oui… et trois le soir. »

Il est vrai que les singes comptent mal. De même, les hommes se laissent-ils duper, qui parfois se réjouissent d'annonces bruyantes sans prévoir que « plus ça change et plus c'est pareil » !

L'expression correspondant à « bonnet blanc et blanc bonnet » se dit en chinois 朝三暮四 **zhāo sān mù sì**, *trois le matin et quatre le soir*. L'anecdote provient d'un texte fondateur de la pensée taoïste, le Zhuangzi, écrit par Maître Zhuang, un célèbre écrivain du IVe siècle avant notre ère.

Bravo, vous êtes venu à bout du chapitre 17 ! Il est maintenant temps de comptabiliser les icônes et de reporter le résultat en page 128 pour l'évaluation finale.

18 Chien

1ᵉʳ avril à Shanghai

« Le 1ᵉʳ avril, je me suis amusée à photographier tous les chiens que je croisais.

– Tu aurais mieux fait d'aller au musée.

– Pas sûr ! J'ai là, dans mon téléphone, un musée du chien fantastique, ou si tu préfères, une fantastique galerie de 狗狗 **gǒugǒu** (= chien-chien). Voilà 喜喜 **Xǐxǐ**, *Sissi*, en manteau sexy…

– Oh non ! Comment sais-tu son nom ?

– Je me renseigne quand je photographie. Voilà 杰克 **Jiékè**, *Jacques* qui sort de chez le coiffeur les oreilles teintes en vert…

– Le pauvre !

– Veux-tu voir 小布丁 **Xiǎo Bùdīng**, *Petit Pudding* ? Il est mignon, boudiné dans son gilet en jeans, tu ne trouves pas ?

– Il est ridicule, ce clone de chien.

– Et le clou du spectacle : je te présente 公子 **Gōngzi**, *Prince*, un mastiff du Tibet qui ressemble à un lion. C'est le plus cher des canidés. »

❶ Observez, puis traduisez l'échange final.

Sinogrammes	Transcription pinyin	Sens
今年四月	**jīnnián sì** [seu] **yuè** [yüé]	*en avril* (de cette année)
拍照	**pāi zhào** [djao]	*prendre des photos, photographier*
狗	**gǒu** [go'ou]	*chien*
好玩儿	**hǎowánr**	*amusant*

"我今年四月去上海拍照，拍了很多狗。"
Wǒ jīnnián sì yuè qù Shànghǎi pāi zhào, pāi-le hěn duō gǒu.

"上海的狗狗有什么好玩儿？"
Shànghǎi de gǒu-gǒu yǒu shénme hǎowánr ?

CHAPITRE 18 : CHIEN

Shanghaïen et langue commune

上海 **Shànghǎi** (= sur-mer) est à la même latitude qu'Alexandrie.

Pour parler des gens de Shanghai, disons des Shanghaïens, il est logique d'ajouter le mot 人 **rén**, *personne* : 我是上海人。 **Wǒ shì Shànghǎirén**. *Je suis shanghaïen/shanghaïenne.*

Une fois sur place, ne vous étonnez pas de votre incompréhension dans la rue : les natifs parlent entre eux le *shanghaïen* (上海话 **shànghǎihuà** = Shanghai-langue). Heureusement pour vous, tout citoyen chinois a appris dès le jardin d'enfants la *langue commune* (普通话 **pǔtōnghuà**) et sait la parler, parfois avec un accent local. La Chine est si vaste !

Parlant des *toutous shanghaïens* (上海的狗狗 **Shànghǎi de gǒu-gǒu**), il n'y a pas lieu de garder le suffixe 人 **rén**, bien sûr, même si ces animaux sont affublés d'accessoires de mode. Il existe un pronom neutre pour les animaux : 它 **tā**. 它是上海的狗狗。 **Tā shì Shànghǎi de gǒu-gǒu**. *C'est un toutou shanghaïen.*

2 Cherchez l'ordre des mots pour dire : « Moi aussi j'ai un chien à la maison. »

有	狗	我家	一只	也
yǒu	gǒu	wǒ jiā	yī zhī	yě

Placer l'adverbe

En français, l'adverbe est assez mobile. En chinois, il précède toujours le verbe. Retenez la formule {adverbe (+ négation) + verbe}, comme dans l'exemple de l'exercice 2 :
我家也有一只狗。 **Wǒ jiā yě yǒu yī zhī gǒu.**
Moi aussi j'ai un chien à la maison.

Veuillez comparer l'ordre des mots français et chinois dans les deux exemples suivants :
我家也没有狗。 **Wǒ jiā yě méi yǒu gǒu.**
Nous n'avons pas non plus de chien à la maison.
我常去上海。 **Wǒ cháng qù Shànghǎi.**
Je vais souvent à Shanghai.

CHAPITRE 18 : CHIEN

3 Observez, puis traduisez la phrase finale.

Sinogrammes	Transcription pinyin	Sens
只	zhī	classificateur pour les animaux
穿衣服	chuān yīfu	*porter des vêtements*
雨衣	yǔyī	*imperméable* (= pluie-vêtement)
因为	yīnwèi	*parce que*
它	tā	*il, elle* (pour les animaux)
外边	wàibiān	*dehors*
看门	kān* mén	*garder la porte*

这只大狗也穿雨衣，因为它在外边看门。
Zhè zhī dà gǒu yě chuān yǔyī, yīnwèi tā zài wàibiān kān mén.

....

....

* Au premier ton, 看 **kān** signifie *garder, surveiller*.

4 Échange entre voisins : numérotez les cinq répliques dans un ordre vraisemblable.

Sinogrammes	Transcription pinyin	Sens
老	lǎo	*vieux*
都	dōu*	*tout, en totalité, tous*
病了	bìng le	*être (tombé) malade*
身体	shēntǐ	*santé, corps*

很好。 (......) **Hěn hǎo.**

老狗病了。 (......) **lǎo gǒu bìng le.**

你家的狗狗都好吗？ (......) **Nǐ jiā de gǒu-gǒu dōu hǎo ma ?**

你身体好吗？ (......) **Nǐ shēntǐ hǎo ma ?**

小狗身体好， (......) **Xiǎo gǒu shēntǐ hǎo,**

* En tant qu'adverbe, 都 **dōu** précède un verbe, jamais un nom.

CHAPITRE 18 : CHIEN

Marco et mastiff

Marco Polo voyage entre 1271 et 1295. Son *Livre des merveilles* regorge de descriptions fabuleuses, si bien que ses propos ne sont pas crédibles. Mais on pense qu'il a fait une incursion à Pagan (Bagan), en Birmanie, à partir de la Chine, ce qui veut dire qu'il aurait traversé des hauts plateaux himalayens. Le dogue du Tibet fut ainsi décrit par Marco Polo : « Grand comme un âne et à la voix aussi puissante que celle d'un *lion* (狮子 **shīzi**). »

Attaché et obéissant à son seul maître, ce molosse à crinière a pour tâche de protéger chèvres et yacks de toute intrusion : prédateurs, voleurs ou voyageurs de passage…

En 2014, un promoteur immobilier shanghaïen a acquis un mastiff (1 an, 90 kg) pour 12 millions de yuans, soit 1,4 million d'euros à l'époque.

5 Observez, puis traduisez la réaction des voisins à l'arrivée de ce molosse.

Sinogrammes	Transcription pinyin	Sens
那	**nà**	*cela* (démonstratif, parfois péjoratif)
动物	**dòngwù**	*animal*
A还是B?	**A háishi B ?**	*A ou bien B ?* (interrogatif)
熊	**xióng**	*ours*
可怕	**kěpà**	*terrifiant, ça fait peur*

那是什么动物？！ **Nà shì shénme dòngwù ?!**

是狗还是熊？ **Shì gǒu háishi xióng ?**

很可怕…… **Hěn kěpà…**

Tracé des signes

tīng, *écouter* ; 我听。 **Wǒ tīng.** *J'écoute.* (口 clé de la bouche, en trois traits, voir chapitre 2)

shuō, *dire, parler* ; 你说什么? **Nǐ shuō shénme ?** *Qu'est-ce que tu dis ?*
(讠 la clé de la parole à gauche se trace avec un point, un trait brisé finissant par un crochet remontant)

Compagnon de 15 000 ans

Jusqu'à récemment, l'ADN des chiens contemporains laissait penser que leur origine était à 100 % asiatique.

Mais rappelons d'abord l'enjeu de telles recherches. Le chien a la particularité d'être le premier animal domestiqué par l'homme. Par conséquent, son histoire renseigne sur la préhistoire de l'humanité. À titre de comparaison, la domestication des bovins, ovins, caprins et du sanglier ne commence qu'il y a 10 500 ans. Or on trouve au Proche-Orient des chiens inhumés avec des humains il y a plus de 11 000 ans.

La nouveauté est que de récentes études suggèrent que le chien moderne dérive en réalité de deux domestications indépendantes de loups : une en Europe il y a au moins 15 000 ans et une autre en Asie orientale il y a environ 12 500 ans. Aux environs de -5 000, des chiens d'Asie auraient migré avec des hommes vers l'Europe et se seraient accouplés à des chiens européens.

Cette hypothèse de la double origine* provient de l'étude de restes de chiens européens très anciens, datés de la fin du Paléolithique supérieur. Ces animaux-là avaient été domestiqués sur place et leur ADN n'avait rien d'asiatique à l'époque.

La paléogénétique montre donc que nos chiens actuels seraient issus du croisement entre l'ancien chien domestiqué en Europe occidentale et un loup domestiqué en Asie orientale.

* A. Frantz et al., "Genomic and archaeological evidence suggest a dual origin of domestic dogs", *Science*, 2016.

Bravo, vous êtes venu à bout du chapitre 18 ! Il est maintenant temps de comptabiliser les icônes et de reporter le résultat en page 128 pour l'évaluation finale.

19 Cochon

Savoir nager

Grand-mère a un souci : son petit-fils 宁真 **Níngzhēn** ne sait toujours pas nager. Elle-même n'a bien sûr jamais appris, ça ne se faisait pas à l'époque. Quant à son fils, il préfère *jouer au football* (踢足球 **tī zúqiú**) depuis son enfance, à cause d'un certain 齐达内 **Qídánèi** (*Zidane*). Vous connaissez ?

Le dimanche, elle emmène le petit dans une piscine joyeusement décorée. Elle lui a déjà acheté une bouée en forme de cochon, deux brassards, un gilet gonflant, pour en fin de compte décider de payer des cours de natation avec un maître nageur expérimenté. Rien n'y fait, le gamin grelotte sur un banc mouillé, les yeux dans le vague, tandis que Grand-mère vide sa tirelire.

Ce soir, de retour chez ses parents, Ningzhen semble avoir pris froid. Grand-mère, dépitée et culpabilisée, finit par s'exclamer : « Mais enfin, les petits cochons savent tous nager ! »

1 Observez, puis traduisez le souci de la grand-mère.

Sinogrammes	Transcription pinyin	Sens
孙子	sūnzi [soun-dzeu]	petit-fils
还不	hái bù	pas encore, toujours pas
会游泳	huì yóuyǒng	savoir nager
所以	suǒyǐ	par conséquent, donc, c'est pourquoi
奶奶	nǎinai	grand-mère (paternelle)
担心	dān xīn	s'inquiéter, se faire du souci

孙子还不会游泳，所以奶奶很担心。
Sūnzi hái bú huì yóuyǒng, suǒyǐ nǎinai hěn dān xīn.

CHAPITRE 19 : COCHON

2 La grand-mère argumente à sa façon...

Sinogrammes	Transcription pinyin	Sens
属猪	**shǔ zhū**	*être du signe du cochon*
男孩	**nánhái**	*petit garçon* (= garçon-enfant)
对不对？	**duì-bu-duì ?**	*n'est-ce pas ? oui ou non ?* (= vrai-pas-vrai ?)
都	**dōu**	*tous, en totalité*

你是属猪的男孩，对不对？小猪都会游泳……
Nǐ shì shǔ zhū de nánhái, duì-bu-duì ? Xiǎo zhū dōu huì yóuyǒng...

Natation porcine

Hefei est une ville – ancienne et moderne – de la province de l'Anhui. Elle est située entre la *rivière Huai* (淮河 **Huáihé**) et le *fleuve Yangtsé* (长江 **Chángjiāng** = long-fleuve). On y organise des *concours de natation* (游泳比赛 **yóuyǒng bǐsài**) pour les cochonnets. Ils se jettent à l'eau, un peu poussés par leur éleveur mais sans rechigner, et semblent même apprécier ce loisir. D'ailleurs, certains éleveurs chinois encouragent la natation porcine pour la santé de leurs bêtes et la meilleure qualité de leur viande.

3 Observez, puis traduisez ce que dit la mère de Ningzhen.

Sinogrammes	Transcription pinyin	Sens
着凉	**zháo liáng**	*prendre froid*
快…吧	**kuài… ba**	*vite, dépêche-toi de…*
睡觉	**shuì jiào**	*dormir*

宁真，你着凉了，快去睡觉吧。
Níngzhēn, nǐ zháo liáng le, kuài qù shuì jiào ba.

CHAPITRE 19 : COCHON

4 Ningzhen réclame une histoire pour s'endormir : numérotez les répliques.

Sinogrammes	Transcription pinyin	Sens
给我	**gěi wǒ**	*pour moi, à moi* (= donner moi)
讲个故事	**jiǎng ge gùshi**	*raconter une histoire*
好不好？	**hǎo-bu-hǎo ?**	*d'accord ?* (= bon-pas-bon ?)
猪八戒	**Zhū Bājiè**	*personnage du Voyage en Occident* (= cochon huit-abstinence)
吃西瓜	**chī xīguā**	*manger (de) la pastèque*

奶奶给我讲个故事，　　(......) **Nǎinai gěi wǒ jiǎng ge gùshi,**
好不好？　　　　　　　　　　**hǎo-bu-hǎo ?**
《猪八戒吃西瓜。》　　(......) « **Zhū Bājiè chī xīguā.** »
好。　　　　　　　　　　　　(......) **Hǎo.**
讲什么故事？　　　　　(......) **Jiǎng shénme gùshi ?**

Oui ou non ?

Pour demander à quelqu'un s'il est d'accord, si c'est exact, etc., on peut formuler la question avec la particule finale interrogative 吗? **ma ?** comme dans le chapitre 5. Par exemple : 好吗? **Hǎo ma ?** *D'accord ?* 对吗? **Duì ma ?** *Est-ce que c'est exact ?*

La forme alternative de la question est fréquente aussi. Comment se construit-elle ? En juxtaposant la réponse positive (好 **hǎo**, *d'accord*) et la réponse négative (不好 **bu hǎo**, *pas d'accord*), ce qui donne 好不好? **Hǎo-bu-hǎo ?** *Tu es d'accord (ou pas) ?* 对不对? **Duì-bu-duì ?** *C'est juste (ou pas) ?* 是不是? **Shì-bu-shì ?** *Oui ou non ?*

5 Transformez la question avec 吗? en question alternative.

Question avec 吗?	Question alternative	Sens
你懂吗? **Nǐ dǒng ma ?**	你懂不懂?	*Est-ce que tu comprends ?*
好吃吗? **Hǎochī ma ?**	好不好吃?	*C'est bon à manger ?*
你吃猪肉吗? **Nǐ chī zhūròu ma ?**	你吃不吃猪肉?	*Tu manges de la viande de porc ?*
猪八戒会游泳吗? **Zhū bājiè huì yóuyǒng ma ?**	猪八戒会不会游泳?	*Il sait nager, Zhu Bajie ?*

CHAPITRE 19 : COCHON

Coordonner deux noms avec 和 hé

- Pour coordonner deux noms ou pronoms, on utilise la conjonction 和 **hé**, *et*.
Exemples :
我和妈妈 **wǒ hé māma**, *maman et moi* (= moi et maman)
猪肉、牛肉和鸡肉 **zhūròu, niúròu hé jīròu**,
(la viande de) *porc, le bœuf et le poulet*
孙悟空和猪八戒在沙漠中看到了妖怪……
Sūn Wǔkōng hé Zhū Bājiè zài shāmò zhōng kàn-dào yāoguài…
En plein désert, Sun Wukong et Zhu Bajie voient un mauvais esprit…

- Attention de ne pas confondre {nom + 和 **hé** + nom} et {也 **yě** + verbe ou adjectif verbal}. En effet, 和 **hé** ne peut relier que des éléments nominaux, tandis que l'adverbe 也 **yě**, *aussi* appelle un élément verbal :
你觉得北京和上海一样吗？**Nǐ juéde Běijīng hé Shànghǎi yíyàng ma ?**
Tu trouves que Pékin et Shanghai sont pareils ?
奶奶会讲故事，我也会。**Nǎinai huì jiǎng gùshi, wǒ yě huì.**
Grand-mère sait raconter des histoires, et moi aussi (je sais).
爸爸不会游泳，我也不会。**Bàba bú huì yóuyǒng, wǒ yě bú huì.**
Papa ne sait pas nager, et moi non plus (je ne sais pas).

Tracé des signes

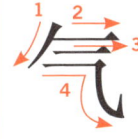

qì, *air, souffle* ; 天气怎么样？ **Tiānqì zěnmeyàng ?**
Quel temps fait-il ? (= temps comment ?)

hǎo, *bon, bien, d'accord* (*femme* 女 et *enfant* 子) ; 天气好。 **Tiānqì hǎo.**
Il fait beau.

CHAPITRE 19 : COCHON

Glouton mais tenace

Il était une fois un officier du Ciel qui fut dégradé et banni pour inconduite. Lors d'un banquet chez la reine-mère de l'Ouest (西王母 **Xīwángmǔ**), il s'était enivré et avait assailli – entre autres dégâts – la déesse de la Lune (嫦娥 **Cháng'é**), une dame blanche et pure comme l'astre où elle reste exilée jusqu'à aujourd'hui. L'infâme canaille atterrit alors dans une porcherie, dévore tout ce qui bouge, mange une truie. Il s'appelle désormais 猪 **Zhū**, *Porc*.

Quand le singe pèlerin Sun Wukong (孙悟空 **Sūn Wǔkōng**) et le moine Sanzang (三藏 **Sānzàng**) arrivent dans un village après une journée de marche, ils apprennent qu'un monstre repoussant y séquestre une jeune fille – un monstre à tête de sanglier. Sun Wukong passe à l'action : il manie le bâton, se faufile et manigance pour se coucher à la place de la pauvre fille. S'ensuivent d'illustres bagarres et gesticulations jusqu'à ce que la déesse de la Miséricorde (观音 **Guānyīn**) s'en mêle.

Le moine Sanzang, en quête des écrits sacrés du bouddhisme de l'Inde, se montre magnanime. Une fois le gros porc rebaptisé 猪八戒 **Zhū Bājiè** (= cochon aux huit abstinences), Sanzang l'accepte comme disciple. Au cours du voyage le cochon s'amende, mais restera à jamais glouton…

Pourtant, Zhu Bajie fait aussi preuve de belles qualités : il peut se transformer en montagne, arbre, rocher, éléphant, buffle, et sait défendre avec vaillance le saint homme éthéré contre les entourloupes des déserts et des cimes. Il peut même combattre sous l'eau puisqu'il sait nager.

Depuis cette périlleuse Pérégrination vers l'Ouest (西游记 **Xīyóujì**, voir chapitre 17), le cochon a gagné sa réputation de ténacité, une vertu prisée dans la culture chinoise.

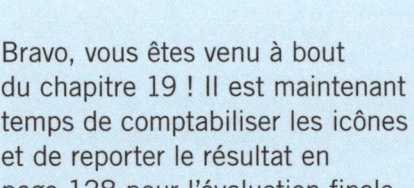

Bravo, vous êtes venu à bout du chapitre 19 ! Il est maintenant temps de comptabiliser les icônes et de reporter le résultat en page 128 pour l'évaluation finale.

20 Bœuf

On dirait que…

« Ton jeans est sale, tu ressembles à un *vieux cow-boy de Western* (美国西部片的老牛仔 **Měiguó xībùpiàn de lǎo niúzǎi** = États-Unis ouest-film de vieux vacher).

– Eh bien, le cowboy va prendre une douche et se changer pour le dîner.

– *On dirait que* (好像 **hǎoxiàng**) tu as gardé les vaches toute la journée, comme… comme Mo Yan pendant la Révolution culturelle.

– 莫言 **Mò Yán**, le Prix Nobel de littérature ? Il gardait les vaches ?

– Oui. Il raconte avoir été renvoyé de l'école comme « mauvais élément » parce que sa famille possédait quelques lopins de terre. Alors il lisait son dictionnaire de poche aux vaches dans un pré. Ou bien il leur racontait des histoires.

– Comme dit l'expression, autant *prêcher dans le désert* (对牛弹琴 **duì niú tán qín** = face à bœuf jouer cithare) ! Mais se raconter des histoires est une belle façon de tuer le temps quand on a des ennuis. Je crois que les romanciers se racontent un tas de choses avant d'écrire.

– Mo Yan dit aussi avoir décidé très jeune d'écrire parce qu'il avait entendu parler d'un écrivain qui « mangeait des raviolis trois fois par jour » !

– Il ne devait pas en manger souvent… Au fait, qu'est-ce qu'on mange ce soir ?

– Des raviolis, justement. »

❶ Traduisez ce que la mère du dialogue ci-dessus dit à son fils.

Sinogrammes	Transcription pinyin	Sens
牛	**niú**	*bovin, bœuf, vache*
牛仔	**niúzǎi**	*cow-boy, vacher, bouvier*
牛仔裤	**niúzǎikù**	*jeans*
裤子	**kùzi**	*pantalon*
干净	**gānjìng**	*propre*

你的牛仔裤不干净。
Nǐ de niúzǎikù bù gānjìng.

CHAPITRE 20 : BŒUF

2 Complétez oralement la phrase finale pour préciser les intentions du fils.

Sinogrammes	Transcription pinyin	Sens
放牛	**fàng niú**	*garder les vaches*
洗澡	**xǐ zǎo**	*prendre une douche ou un bain*
洗衣服	**xǐ yīfu**	*laver des vêtements*
换衣服	**huàn yīfu**	*changer de vêtements*
吃午饭	**chī wǔfàn**	*déjeuner* (= manger midi-repas)
吃晚饭	**chī wǎnfàn**	*dîner* (= manger soir-repas)
弹琴	**tán qín***	*jouer du qin*

他要洗澡，换衣服，吃晚饭，
Tā yào ...., ..., ...,
不要放牛也不要弹琴！
bú yào .... **yě bú yào** .... !

* Le qin ou guqin est un instrument à cordes au son doux (dont les bœufs ne sauraient apprécier la subtilité de jeu comme le signale l'expression donnée dans le dialogue initial). Sur Internet, il vous sera facile de voir et d'écouter cette cithare de la haute tradition lettrée.

3 Suite de l'échange.

Sinogrammes	Transcription pinyin	Sens
饿	**è**	*avoir faim*
了	**le**	*particule finale d'actualisation* (= à présent, au moment où je parle)
儿子	**érzi** [eur-dzeu]	*fils*

儿子：" 我饿了。"
Érzi : « **Wǒ è le.** »

....

妈妈："我也很饿。"
Māma : « **Wǒ yě hěn è.** »

....

CHAPITRE 20 : BŒUF

Tu as faim ? Tu es fatigué ?

La particule finale d'actualisation 了 **le** n'est pas directement traduisible (voir chapitres 11 et 13). Sa fonction est de rappeler que le temps passe et que tout change sans cesse : 我老了。 **Wǒ lǎo le.** *J'ai vieilli* (= je vieux à présent).

Comparez les deux premiers énoncés pour saisir l'effet de sens du 了 **le** final :

你好吗?	**Nǐ hǎo ma ?**	*Tu vas bien ? Comment vas-tu ?*
你好了吗?	**Nǐ hǎo le ma ?**	*Tu vas mieux ? Tu es guéri(e) ?*
你饿了吗?	**Nǐ è le ma ?**	*Tu dois avoir faim ?* (= tu avoir-faim à-présent ma ?)
你口渴了吗?	**Nǐ kǒu kě le ma ?**	*Tu dois avoir soif, non ?*
你累了吗?	**Nǐ lèi le ma ?**	*Tu es fatigué(e) ? Tu en as marre ?*

4 Suite de l'échange.

Sinogrammes	Transcription pinyin	Sens
给	**gěi**	*pour (qqn.), donner à (qqn.)*
做	**zuò** [dzou'o]	*faire, fabriquer*
牛肉	**niúròu** [niou-jo'ou]	*viande de bœuf*
饺子	**jiǎozi**	*ravioli*

我给你做了牛肉饺子。
Wǒ gěi nǐ zuò-le niúròu jiǎozi.*

* Les raviolis sont farcis à la viande de porc, mais il arrive que l'on ajoute un peu de bœuf.

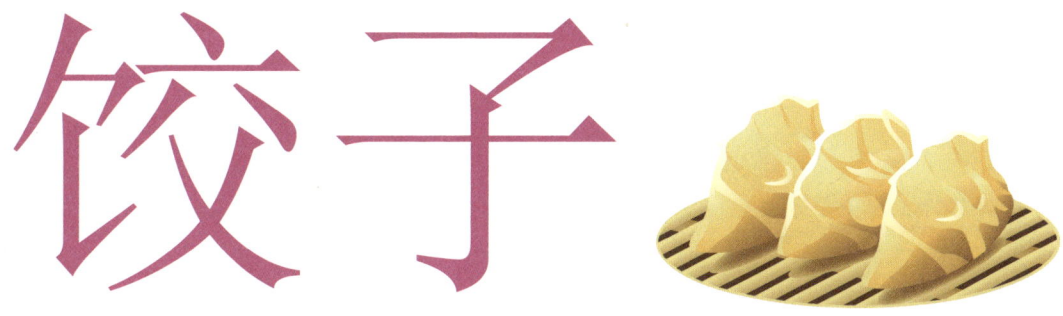

CHAPITRE 20 : BŒUF

5 Reliez les moments de la journée et les repas à ce que vous mangez et buvez.

吃 **chī** *manger*　　喝 **hē** *boire*

早上 **zǎoshang** *le matin tôt*
早饭 **zǎofàn** *petit déjeuner* •

上午 **shàngwǔ** *dans la matinée* •　　• 酒 **jiǔ** *vin, alcool*

中午 **zhōngwǔ** *à midi*
午饭 **wǔfàn** *déjeuner* •　　• 水果 **shuǐguǒ** *fruit*

下午 **xiàwǔ** *l'après-midi* •　　• 果汁 **guǒzhī** *jus de fruit*

晚上 **wǎnshang** *le soir*
晚饭 **wǎnfàn** *dîner* •　　• 茶和咖啡 **chá hé kāfēi** *thé et café*

　　• 面包 **miànbāo** *pain*

　　• 面条 **miàntiáo** *pâtes*

Tracé des signes

lǎo, *vieux, âgé* ; 老人 **lǎorén**, *personne(s) âgée(s)*

chī, *manger (quelque chose) avec la clé de la bouche* 口 ; 吃饭 **chī fàn**, *prendre un repas*

guǒ, *avec un soleil* 日 *au-dessus d'un arbre* 木 ; 水果 **shuǐguǒ**, *fruit(s)*

CHAPITRE 20 : BŒUF

Bœuf, yack et buffle

Amateurs de viande porcine, les Chinois consomment désormais plus de viande bovine qu'ils n'en produisent, mais leur appétit pour ce produit (6,8 kg par habitant par an) va croissant. La part des importations est en forte progression. Cette viande maigre reste 2,4 fois plus coûteuse que le porc et 3,5 fois plus que la volaille. Après des années d'interdiction à l'importation, la France tente de se replacer dans la concurrence du marché intérieur chinois en vantant ses atouts : part de l'herbe dans l'alimentation des bœufs français, taille, absence d'hormones, rigueur des normes sanitaires.

Quant au *yack* (牦牛 **máoniú**), savez-vous qu'on trouve des « yack burgers » au Tibet ? Et qu'il existerait même un élevage « équitable » pour le duvet de bébé yack, qui sert à tisser de douces écharpes ?

Une légende raconte que les douze animaux du zodiaque durent rivaliser pour traverser une rivière. Le buffle était largement en tête quand le rat courut sur son échine pour sauter le premier à terre !

L'ancêtre du taoïsme, Laozi (老子 **Lǎozǐ** = le vieil enfant, né avec une barbe blanche) est souvent représenté chevauchant un buffle lors de son voyage vers l'Ouest, d'où il ne revint jamais. Cet animal symbolise en effet un mélange de calme contemplatif et de sage détachement. Au Viêtnam, le *buffle* (水牛 **shuǐniú** = eau-bœuf) symbolisait la paix et la prospérité paysanne : « Le mari herse, la femme repique, le buffle laboure. » Perché sur son buffle, l'enfant de la famille joue de la flûte. Qui garde l'autre ? Qui traverse la rivière en portant son jeune bouvier ?

En *Asie* (亚洲 **Yàzhōu**) ancienne comme ailleurs, le bœuf évoquait la puissance par ses cornes invincibles, mais aussi la force creusant les sillons que les pluies féconderont. C'est pourquoi le sacrifice d'un bœuf constituait un acte religieux essentiel : l'envoi d'un messager méritant au ciel.

Bravo, vous êtes venu à bout du chapitre 20 ! Il est maintenant temps de comptabiliser les icônes et de reporter le résultat en page 128 pour l'évaluation finale.

Annexes

Progression grammaticale

de	的	(relie le déterminant au nom déterminé)	1-5-7-9
hěn	很	très... (degré)	1-7-9
ba	吧	(particule finale d'empathie)	2-11
(verbe)-le	了	(suffixe verbal de l'action accomplie)	2-13-17
zi/zǐ	子	(suffixe nominal fréquent) / enfant	2
yào	要	vouloir, désirer	4-9-10
xiǎng	想	avoir envie de (+ verbe)	4-6-7
(phrase +) ma ?	吗?	est-ce que... ? (particule finale interrogative)	5-8
nǎli ? /nǎr ?	哪里? 哪儿?	où ?	6-9-15
yǒu	有	avoir, il y a	6-9-10
(verbe)-guo	过	(suffixe verbal d'expérience)	6-13
tài (+ adjectif +) le	太…了	trop... (emphase)	6-10-11
ge	个	(classificateur fréquent)	10-12-14
yě (+ verbe)	也	aussi (adverbe préverbal)	9-10-18
bù/bú	不	(négation ayant 2 prononciations)	10-11-14-19
méi yǒu	没有	ne pas avoir (négation spécifique)	10-16-18
zhǐ yǒu	只有	n'avoir que, avoir seulement	10
shénme ?	什么?	quoi ? qu'est-ce que ? quel ? (interrogatif)	10-14-17
zhè	这	ce, ceci (démonstratif)	10
zài (+ verbe)	在	être en train de (action en cours)	10-14
(phrase +) le	了	(particule finale du changement)	10-20
ne ?	呢?	(particule finale interrogative)	11
(phrase +) le	了	(particule finale d'actualisation)	11-13-20
(phrase +) ba	吧	(particule finale d'incitation)	11-19
zěnmeyàng ?	怎么样?	comment (est-ce) ? (interrogatif)	14
kěyǐ	可以	pouvoir (possibilité)	11-12-13
zhèli	这里	ici	12
zài (+ lieu + verbe)	在	(préposition suivie du lieu de l'action)	12-13-15
huì	会	(marque du futur)	13
zěnme ?	怎么?	comment ? par quel moyen ? (interrogatif)	12-13-16
bù... ma ?	不…吗?	ne... pas ? (interro-négatif)	14
zhè ge (+ nom)	这个	ce, cet, cette (démonstratif)	14
yī ge (+ nom)	一个	un, une (numératif)	14
ránhòu	然后	ensuite, et après	14
jiù shì	就是	c'est-à-dire, c'est justement	15
(verbe +) zài	在	(introduit un complément de lieu postverbal)	15
tā de (+ nom)	他的	son, sa, ses (adjectif possessif)	16

ANNEXES

néng	能	pouvoir (capacité)	16
hái méi yǒu	还没有	ne pas encore avoir (action inaccomplie)	16-19
duōshao ?	多少?	combien ? (interrogatif)	16
duō (+ adjectif) ?	多	(interrogatif)	17
shì… de	是…的	être (pour encadrer un groupe verbal)	17
nǎ yī nián ?	哪一年?	en quelle année ?	17
nà	那	alors, dans ce cas (+ implication)	17
xiē	些	(classificateur du pluriel)	17
tā	它	(pronom neutre pour les animaux)	18
zhī	只	(classificateur pour les animaux)	18
yīnwèi	因为	parce que (+ cause)	18
dōu (+ verbe)	都	tout, en totalité (adverbe + verbe)	18-19
nà	那	cela (démonstratif)	18
nà shì	那是	c'est, voilà (présentatif)	18
háishi ?	还是?	ou bien ? (interrogatif)	18
hái bù	还不	pas encore, toujours pas	19
suǒyǐ	所以	donc, c'est pourquoi (+ conséquence)	19
hǎo-bu-hǎo ?	好不好?	D'accord ? (question alternative)	19
gěi (+ bénéficiaire)	给	pour (quelqu'un), donner à	19-20
(nom +) hé (+ nom)	和	et (entre 2 noms ou pronoms)	19-20
hǎoxiàng (+ phrase)	好像	on dirait que, il semble que	20

54 sinogrammes fréquents pour commencer à écrire en chinois

n° de chapitre					n°			
1	一	yī	un		10	水	shuǐ	eau
	二	èr	deux			火	huǒ	feu
	三	sān	trois			电	diàn	électricité
2	八	bā	huit		11	来	lái	venir
	了	le	(suffixe verbal)			去	qù	aller
	子	zi	(suffixe nominal)		12	大	dà	grand
		zǐ	enfant			写	xiě	écrire
3	口	kǒu	bouche, orifice		13	雨	yǔ	pluie
	叫	jiào	s'appeler		14	女	nǚ	femme
	什么	shénme ?	quoi ? quel ?			个	ge	unité
4	小	xiǎo	petit, jeune		15	生	shēng	naître
	羊	yáng	mouton			住	zhù	habiter
	学	xué	apprendre			田	tián	champ
5	米	mǐ	grain		16	力	lì	force
	玉	yù	jade			男	nán	homme
	国	guó	pays			车	chē	véhicule
6	日	rì	jour, soleil		17	年	nián	année
	月	yuè	lune			今	jīn	présent
7	人	rén	humain		18	听	tīng	écouter
	天	tiān	ciel			说	shuō	dire
	石	shí	pierre		19	气	qì	souffle
8	是	shì	être			好	hǎo	bon
	在	zài	se trouver			老	lǎo	vieux
	土	tǔ	terre		20	吃	chī	manger
9	有	yǒu	avoir			果	guǒ	fruit
	多	duō	nombreux					
	心	xīn	cœur					

Lexique français-chinois

français	pinyin	sinogramme	n° des chapitres
abord (d'~)	xiān	先	12
acheter	mǎi	买	2-13-16
accord (d'~), ça marche	xíng	行	14
accord (d'~), entendu	hǎo ba	好吧	2
adresse	dìzhǐ	地址	12
âgée (personne ~)	lǎorén	老人	16-20
agneau	yánggāo	羊羔	4
aimer	ài	爱	3-7
aimer	xǐhuān	喜欢	14-20
alors	jiù	就	15
France	Fǎguó	法国	16
aller à	qù	去	5-6-7
aller à l'école	shàng xué	上学	4
aller sur Internet	shàng wǎng	上网	7-8
Allô ?	Wei ?	喂?	6-8-9
ami(e)	péngyou	朋友	10
ami, amoureux, copain	nán péngyou	男朋友	10-16
amie, copine	nǚ péngyou	女朋友	16
amusant	hǎowánr	好玩儿	17
an (pour l'âge)	(âge +) suì	岁	16-17
angle, coin	jiǎo	角	15
Angleterre	Yīngguó	英国	15
animal	dòngwù	动物	18
année	nián	年	17
année (cette ~)	jīnnián	今年	17-18
août	bā yuè	八月	11-12
appartenir à	shǔ	属	17-19
appeler (s'~)	jiào	叫	10
apprendre, étudier	xué	学	4-12
après, ensuite	ránhòu	然后	14
architecte	jiànzhùshī	建筑师	12
argent	qián	钱	9-10-16
arriver	dào	到	16
Asie	Yàzhōu	亚洲	20
asseoir (s'~)	zuò	坐	11
aujourd'hui	jīntiān	今天	7-9-11
automne	qiūtiān	秋天	11
aussi, également	yě	也	9-10
avant, auparavant	yǐqián	以前	10
avec, et	hé	和	12-20
avenir (dans l'~), plus tard	jiānglái	将来	15
avoir, il y a	yǒu	有	6-9-10
avril	sì yuè	四月	18
balle, ballon	qiú	球	10
bambou	zhúzi	竹子	1
Baotou (ville de Mongolie-Int.)	Bāotóu	包头	9
beau, beauté	měi	美	2
beau, joli	hǎokàn	好看	16-17
beaucoup	duō	多	9-10-18

français	pinyin	sinogramme	n° des chapitres
bière	píjiǔ	啤酒	11
bijou(x)	shǒushì	首饰	6
blanc ; (un nom de famille)	bái ; Bái	白	2-3
bleu	lán	蓝	6
bœuf, bovin, vache	niú	牛	20
bœuf (viande de ~)	niúròu	牛肉	20
boire	hē	喝	3-11-20
bon (à manger)	hǎochī	好吃	19
bon, bien	hǎo	好	2-6-14
bonheur	fú	福	5
bonjour (à toi)	nǐ hǎo	你好	2
bonjour (à vous tous)	nǐmen hǎo	你们好	2
bonjour Madame/Monsieur	nín hǎo	您好	2
bonne chose	hǎo shì	好事	16
bouche, orifice	kǒu	口	2-11
bouillie, gruau	zhōu	粥	5
bouteille	píng	瓶	11
brillant, lumineux	liàng	亮	14
brume	wù	雾	13
buffle	shuǐniú	水牛	20
cacahuètes	huāshēngmǐ	花生米	11
café	kāfēi	咖啡	20
calligraphie	shūfǎ	书法	7
Canton	Guǎngzhōu	广州	15
carte, plan	dìtú	地图	12
ce, ceci	zhè	这	10-12
ce (+ nom)	zhè ge (+ nom)	这个	17
cent, centaine	bǎi	百	4-10
ces (+ nom)	zhè xiē (+ nom)	这些	17
chambre, pièce	fángjiān	房间	8-12
chance (avoir de la ~)	zǒu yùn	走运	16
changer de vêtements	huàn yīfu	换衣服	20
charbon	méi/méitàn	煤炭	10
chat	māo	猫	10
chaud, trop chaud	rè	热	11
Chengdu (province du Sichuan)	Chéngdū	成都	11
cher, onéreux	guì	贵	8
chercher	zhǎo	找	13-15-16
cheval ; un nom de famille	mǎ ; Mǎ	马	4-16
chèvre	shānyáng	山羊	4
chez moi, ma famille	wǒ jiā	我家	5
chien	gǒu	狗	18
Chine	Zhōngguó	中国	?-8-9-12
chinois (le ~ : langue et écriture)	zhōngwén	中文	12-16-18
Chinois, les Chinois (n.)	Zhōngguórén	中国人	17
Chongqing (municipalité)	Chóngqìng	重庆	13
chose importante	dà shì	大事	16

ANNEXES

français	pinyin	sinogramme	n° des chapitres
ciel	tiān	天	6
cinq, 5	wǔ	五	1-3-13
cochon, porc	zhū	猪	19
cœur ; en soi-même	xīn ; xīn lǐ	心、心里	9
combien ?	duōshao	多少？	16
commander (un plat)	lái	来	11
comme ci comme ça, moyen	mǎmahuhu	马马虎虎	16
comment ? par quel moyen ?	zěnme ?	怎么？	12-13
compétition, match	bǐsài	比赛	19
comprendre	dǒng	懂	8-10-19
conduire une voiture	kāi chē	开车	11
confortable	shūfu	舒服	9
corps, santé	shēntǐ	身体	18
côté	biān	边	13
cow-boy	niúzǎi	牛仔	20
cuiseur à riz	diànguō	电锅	10
Datong (ville du Shanxi)	Dàtóng	大同	10
dame, madame	tàitai	太太	2-3
dans (nom +)	(nom +) lǐ	里	9
décembre	shí èr yuè	十二月	12
défaut, quelque chose qui cloche	máobìng	毛病	16
dehors	wàibiān	外边	18
déjeuner, manger à midi	chī wǔfàn	吃午饭	20
déjeuner (petit-~)	zǎofàn	早饭	20
demain	míngtiān	明天	7-8-9
demander, poser une question	wèn	问	13-15
demander le chemin	wèn lù	问路	13
désert	shāmò	沙漠	19
deux, 2 (numéro)	èr	二	3-12-15
deux (somme)	liǎng	两	13-15
deviner	cāi	猜	17
difficile	nán	难	10
dimanche	zhōurì	周日	7-14
dîner (n.)	wǎnfàn	晚饭	20
dire	shuō	说	14-15-16
dix, 10	shí	十	12-15-16
donner à (quelqu'un)	gěi	给	19
dormir	shuì jiào	睡觉	19
doucher (se), se laver	xǐ zǎo	洗澡	20
douze, 12	shí èr	十二	12
dragon	lóng	龙	14
eau	shuǐ	水	10-11
école (aller à l'~)	shàng xué	上学	15
écouter	tīng	听	11-18
écrire	xiě	写	7-12
électricité, électrique	diàn	电	10
elle	tā	她	9-16
encore	hái	还	16
endroit, lieu	dìfang	地方	9
entrer	jìn-qù	进去	11
envie (avoir ~ de)	xiǎng	想	4-6-7

français	pinyin	sinogramme	n° des chapitres
époque Míng	Míngdài	明代	6
est, à l'est	dōng	东	7
États-Unis	Měiguó	美国	8-20
été	xiàtiān	夏天	14
étoile, astre	xīng	星	16
étranger, étrangère (n.)	wàiguórén	外国人	17
être (quelqu'un ou quelque chose)	shì	是	6-8-9
être (+ lieu), se trouver à	zài (+ lieu)	在	6-8-9-12
exact, juste, c'est ~	duì	对	8-10-15
expliquer, raconter	jiǎng	讲	19
faim (avoir ~)	è	饿	20
faire	bàn	办	12
faire, fabriquer	zuò	做	20
famille Jiang (la ~)	Jiāng jiā	蒋家	5
famille, maison	jiā	家	5-7-8
fatigué	lèi	累	11-20
femme	nǚrén	女人	14
feu	huǒ	火	10-13
feuille ; un nom de famille	yè ; Yè	叶	3
feuilles de thé	cháyè	茶叶	3
fille (vs. fils)	nǚ'ér	女儿	16-17
fils (vs. fille)	érzi	儿子	16-20
fleur	huā	花	2-10-16
fleur de lotus	héhuā	荷花	2
fleuve, rivière	jiāng, hé	江、河	13-14-15
fleuve Jaune	huánghé	黄河	7
football (jouer au ~)	tī zúqiú	踢足球	19
fort	qiáng	强	5
four, fourneau	huǒlú	火炉	13
fourrure, pelage, poil	máo	毛	4
français, langue française	fǎwén	法文	16
Français (les ~, un/une ~)	Fǎguórén	法国人	16
France	Fǎguó	法国	16
frère aîné	gēge	哥哥	15
frère cadet	dìdi	弟弟	15
froid (être, avoir, faire ~)	lěng	冷	14
froid (prendre ~), s'enrhumer	zháo liáng	着凉	19
fruit	shuǐguǒ	水果	20
garçon (petit ~)	nánhái	男孩	19
garder la porte, la maison	kān mén	看门	18
garder les vaches	fàng niú	放牛	20
gaz naturel	méiqì	煤气	10
goji	gǒuqǐ	枸杞	4
goûter (un aliment)	cháng	尝	4
grand	dà	大	13-15-17
grande terre	dà dì	大地	13
grand-mère (paternelle)	nǎinai	奶奶	19
grand-père (paternel)	yéye	爷爷	5-7
habiller (s'~), porter des habits	chuān yīfu	穿衣服	18

français	pinyin	sinogramme	n° des chapitres
habiter à	zhù zài (+ lieu)	住在	5-7-15
Harbin (ville du nord-est)	Hāěrbīn	哈尔滨	14
haut, grand	gāo	高	1
Heilongjiang (province et fleuve)	Hēilóngjiāng	黑龙江	14
herbe	cǎo	草	4
herbes médicinales	cǎoyào	草药	4
hier	zuótiān	昨天	17
hier soir	zuówǎn	昨晚	5
histoire (raconter une ~)	jiǎng gùshi	讲故事	19
hiver	dōngtiān	冬天	14
Hong Kong	Xiānggǎng	香港	15
Huai (la rivière ~)	Huáihé	淮河	19
Hubei (province)	Húběi	湖北	17
huit, 8	bā	八	1-15-17
ici	zhèli	这里	12
il, elle (chose ou animal)	tā	它	10
il, lui	tā	他	8-15-17
ils, eux	tāmen	他们	12
immeuble, bâtiment	lóu	楼	5
imperméable (pour la pluie)	yǔyī	雨衣	18
inquiet, s'inquiéter pour	dān xīn	担心	19
intelligent	cōngmíng	聪明	17
intéressant	yǒu yìsi	有意思	17
Internet (aller sur ~)	shàng wǎng	上网	12-17
jade	yù	玉	5-6-13
jambe	tuǐ	腿	16
janvier	yī yuè	一月	12
jaune	huáng	黄	7
je, moi, mon, ma, mes	wǒ	我	3-5-6
jeans	niúzǎikù	牛仔裤	20
jeudi	zhōusì	周四	7-14
jeune, petit	xiǎo	小	13
jouer du qin (cithare)	tán qín	弹琴	20
jour, soleil	rì	日	6
jour, journée	tiān	天	7
journaliste	jìzhě	记者	9
juillet	qī yuè	七月	11
juin	liù yuè	六月	11
jus de fruits	guǒzhī	果汁	20
là-bas	nàbian	那边	13
laid	nánkàn	难看	9
laine	yángmáo	羊毛	4
langue chinoise, langue han	hànyǔ	汉语	6
langue commune, chinois standard	pǔtōnghuà	普通话	3-18
langue française, le français	fǎyǔ	法语	6
laver	xǐ	洗	20
Leshan (province du Sichuan)	Lèshān	乐山	11
lieu, endroit	dìfang	地方	12
lieu d'origine d'une famille	lǎojiā	老家	8-10
loin, éloigné	yuǎn	远	8-9
long	cháng	长	13
lune (la ~)	yuèliàng	月亮	14
lundi	zhōuyī	周一	7-14
Macao (ville)	Àomén	澳门	15
mai	wǔ yuè	五月	12
main	shǒu	手	5
main (dans la ~)	shǒu lǐ	手里	9
maintenant, à l'heure actuelle	xiànzài	现在	7-15
maison (à la ~), dans la famille	jiā lǐ	家里	9
malade (être ~, tomber ~)	bìng le	病了	18
manger (quelque chose)	chī	吃	4-19-20
marbre (veiné)	dàlǐshí	大理石	8
marbre (blanc), albâtre	hànbáiyùshí	汉白玉石	8
marcher, aller à pied	zǒu lù	走路	11-16
marcher, partir	zǒu	走	2-13
mardi	zhōu'èr	周二	7-14
marier (se ~)	jié hūn	结婚	16
mars	sān yuè	三月	8
matin, tôt le matin	zǎoshang	早上	20
matin, dans la matinée	shàngwǔ	上午	20
mauvais esprit, monstre	yāoguài	妖怪	19
médicament	yào	药	4
médicament occidental	xīyào	西药	4
médicament traditionnel chinois	zhōngyào	中药	4
mer	hǎi	海	2-15
mercredi	zhōusān	周三	7-14
mère, maman	māma	妈妈	5-7-16
mètre	mǐ	米	1
métro	dìtiě	地铁	8
meubles, mobilier	jiājù	家具	6
midi, milieu de journée	zhōngwǔ	中午	20
milieu (au ~ de), centre	zhōng	中	? – 19
millet	xiǎomǐ	小米	5
mineur (charbon)	kuànggōng	矿工	10
minibus	xiǎobā	小巴	11
mois, lune	yuè	月	6-10-14
mon, ma, mes (= « de moi »)	wǒ/wǒ de	我的	10
montagne, colline	shān	山	8
monsieur	xiānsheng	先生	15
mouton, brebis, ovin	yáng	羊	4-17
Moyen-Orient	Zhōngdōng	中东	9
musée	bówùguǎn	博物馆	6
musique	yīnyuè	音乐	11
naître, être né à (+ lieu)	shēng zài	生在	15
naître, être né en (année +)	chūshēng	出生	17
nager, natation	yóuyǒng	游泳	14-19
ne pas	bù/bú	不	9-10- ???
ne pas avoir	méi/méi yǒu	没有	10
ne pas encore avoir	hái méi yǒu	还没有	16

ANNEXES

français	pinyin	sinogramme	n° des chapitres
neuf, 9	jiǔ	九	8-12-15
nez	bízi	鼻子	16
noir	hēi	黑	14
nombreux	duō	多	18-20
nord	běi	北	5
nord (au ~ de)	běibiān	北边	9
nord-est	dōngběi	东北	7-14
nous, notre	wǒmen	我们	11
nouveau, neuf	xīn	新	13
nuage(s)	yún	云	6-8
nuit, nocturne	yè	夜	13
numéro	hào	号	1-3-12
océan Pacifique	Tàipíngyáng	太平洋	9
octobre	shí yuè	十月	12
or, doré	jīn	金	7-17
où ?	nǎli ? nǎr ?	哪里？哪儿？	6-9-15
ouest	xī, xībù	西、西部	4-7-20
ouest (à l'~ de)	xībiān	西边	9
ours	xióng	熊	18
pain	miànbāo	面包	20
paix	ān	安	7
paix	hépíng	和平	14
pantalon	kùzi	裤子	20
parapluie	yǔsǎn	雨伞	13
parce que	yīnwèi	因为	18
pareil, semblable	yíyàng	一样	19
parents	fùmǔ	父母	9
parfumé, qui sent bon	xiāng	香	15-16
Parisien(s) (n.)	Bālírén	巴黎人	7-15
pastèque	xīguā	西瓜	19
pâtes, nouilles (de blé)	miàntiáo	面条	20
pays	guó	国	5
paysage	fēngguāng	风光	8
Pékin	Běijīng	北京	5 ?-7-8
Pékinois(e) (n.)	Běijīngrén	北京人	10
père, papa	bà/bàba	爸爸	10-15-19
perle	zhū	珠	15
personne, gens, humain	rén	人	6-7-8
petit ; jeune	xiǎo	小	4-13-16
petit-fils	sūnzi	孙子	19
peur (avoir ~ de)	pà	怕	14-18
peut-être (que)	kěnéng	可能	15
pétrole	shíyóu	石油	8-10
photo	zhàopiàn	照片	10
photographier, prendre des photos	pāi zhào	拍照	18
pierre	shí	石	7-8
plat ; légumes	cài	菜	4
pleuvoir	xià yǔ	下雨	13
pluie	yǔ	雨	13
plume	yǔmáo	羽毛	6
poison, être empoisonné	dú, yǒu dú	毒、有毒	9
pomme	píngguǒ	苹果	5
pont	qiáo	桥	13-15
porc	zhū	猪	19
porc (viande de ~)	zhūròu	猪肉	19-20
port (maritime)	gǎng(kǒu)	港口	15
porte (maison)	mén	门	15-18
poulet	jī	鸡	19
pouvoir, être capable de	néng	能	16
pouvoir, être possible	kěyǐ	可以	11-12-13
pratique, commode	fāngbiàn	方便	5-8
prendre un taxi	dǎ dī	打的	13
près, proche	jìn	近	5-9
prince	gōngzi	公子	18
printemps	chūn	春	8
propre (vs. sale)	gānjìng	干净	20
province (division territoriale)	shěng	省	12
province, région	wàidì	外地	10
provincial (n)	wàidìrén	外地人	10
quartier, zone	qū	区	13
quatre, 4	sì	四	4-12-15
quelques, des	yī xiē	一些	17
quoi ? qu'est-ce que… ? quel ?	shénme ?	什么？	3-7
racine de lotus	ǒu	藕	2
raconter des histoires	jiǎng gùshi	讲故事	19-20
raviolis	jiǎozi	饺子	20
regarder	kàn	看	6-10-12
rendez-vous	yuēhuì	约会	12
rentrer à	huí	回	11
rentrer chez soi	huí jiā	回家	9
repos, pause, se reposer	xiūxi	休息	8-11
réserver, faire une réservation	dìng	订	12
ressembler à	xiàng	像	20
rive du fleuve	jiāngbiān	江边	13
rivière, fleuve	jiāng	江	15
rivière des Perles	Zhūjiāng	珠江	15
riz (sur pied)	dàmǐ	大米	5
riz blanc	báimǐ	白米	5
riz cuit	mǐfàn	米饭	5
roi ; nom de famille	wáng ; Wáng	王	1-3
rose (fleur)	méi	玫	1
route, rue	lù	路	12
s'appeler	jiào	叫	3
samedi	zhōuliù	周六	7-14
santé, corps	shēntǐ	身体	18
savoir (faire quelque chose)	huì	会	8-19
savoir (quelque chose), être au courant	zhīdào	知道	9-15-16
semaine	zhōu	周	7-14
semaine d'or	huángjīnzhōu	黄金周	7
sens, signification	yìsi	意思	16
sentir bon, (être) parfumé	xiāng	香	5

ANNEXES

français	pinyin	sinogramme	n° des chapitres
sentir (se) mal	bù shūfu	不舒服	9
sept, 7	qī	七	10-15
septembre	jiǔ yuè	九月	11
seulement, ne que	zhǐ	只	10
Shanghai	Shànghǎi	上海	6-18
Shanghaïen(ne), gens de Shanghai	Shànghǎirén	上海人	7-18
shanghaïen (dialecte de Shanghai)	shànghǎihuà	上海话	18
Shenzhen (ville)	Shēnzhèn	深圳	15
singe	hóuzi	猴子	17
six, 6	liù	六	8-12-15
sœur aînée	jiějie	姐姐	15
sœur cadette	mèimei	妹妹	15
soif (avoir ~)	kǒu kě	口渴	11-20
soir (le ~)	wǎnshang	晚上	13-20
soir (ce ~)	jīntiān wǎnshang	今天晚上	13
sol	dì	地	12
souvent	cháng(cháng)	常常	18
sport	yùndòng	运动	14
statues de soldats et de chevaux	bīngmǎyǒng	兵马俑	7
stèle de pierre	shíbēi	石碑	7
succès, réussite	chénggōng	成功	12-16
sud	nán	南	7-8-9
temps, météo	tiānqì	天气	11
téléphone (mobile)	shǒujī	手机	5-9
Terre (planète ~)	dìqiú	地球	12
terre, sol	tǔ	土	8
terre jaune, lœss	huángtǔ	黄土	7
terres rares	xītǔ	稀土	9
terrifiant, qui fait peur	kěpà	可怕	18
thé	chá	茶	3-20
théière	cháhú	茶壶	3
ton, ta, tes (= « de toi »)	nǐ de	你的	1-5
tôt	zǎo	早	8-20
trait (du pinceau)	bǐhuà	笔画	7
travail, travailler	gōngzuò	工作	10-13-15
traverser	guò	过	2
très	hěn	很	1-5-8
trésor	bǎo	宝	1-10-16
triangle	sānjiǎo	三角	15
trois, 3	sān	三	1-11-12
trop	tài	太	6-10
trouver, avoir l'impression que	juéde	觉得	17-19
tu, toi	nǐ	你	1-2-13
un (numératif), 1	yī	一	1-15-17
un, une (+ nom)	yī ge (+ nom)	一个	9-10
université	dàxué	大学	12
utiliser	yòng	用	10
vache, bœuf, bovin	niú	牛	8-20
vendre	mài	卖	10
vendredi	zhōuwǔ	周五	7-14

français	pinyin	sinogramme	n° des chapitres
venir	lái	来	2-9-11
vêtement	yīfu	衣服	18-20
viande	ròu	肉	19-20
vide, libre	kōng	空	13
vie humaine	rénshēng	人生	16
vieux, vieille	lǎo	老	16-18-20
vin, alcool	jiǔ	九	20
visiter (site, musée, etc.)	cānguān	参观	11
vite, se dépêcher de	kuài	快	11-19-20
voir	kàn	看	7
voiture, véhicule	chē	车	11-13-16
voler (en l'air)	fēi	飞	16
vouloir, désirer	yào	要	4-9-10
vous (politesse)	nín	您	3-6
voyager, faire du tourisme	lǚyóu	旅游	11
vrai, vraiment	zhēn de	真的	18
week-end	zhōumò	周末	7-14
western (film)	xībùpiàn	西部片	20
Xiamen (province du Fujian)	Xiàmén	厦门	12
yak	máoniú	牦牛	20
Yangtse	Chángjiāng	长江	13-19
yuan/kuai (monnaie chinoise)	yuán / kuài	元/块	10
zéro	líng	零	17
zone, région	dìqū	地区	12

SOLUTIONS

Chapitre 1

❶ trois mètres de haut

❷ mi : mini ; man : manager ; gao : K.O. ; ma : madame ; gan : une compagnie d'assurances ; sao : São Paulo ; mao : le peuple maori

❸ N° 8

❹ Wang Mei (ou Rose Wang si vous préférez). Le nom de famille précède le prénom en Chinois. Wang Mei et A Bao sont les deux fillettes qui aiment jouer ensemble à l'élastique.

❺ A Bao, tes bambous sont très hauts !

❻ 一 **yī**, un ; 三 **sān**, trois ; 五 **wǔ**, cinq ; 八 **bā**, huit ; 一米 **yī mǐ**, un mètre ; 高 **gāo**, haut ; 很高 **hěn gāo**, très haut

Chapitre 2

❶ madame, dame

❷ Madame Bai a acheté des racines de lotus.

❸ **Lái ba.**

❹ **méi**, rose ; **zhúzi**, bambous ; **bái**, blanc ; **lái**, venir ; **hé**, lotus

❺ 竹子很高。**Zhúzi hěn gāo.** Les bambous sont très hauts. / 荷花很美。**Héhuā hěn měi.** Les fleurs de lotus sont superbes.

❻ Bonjour Madame Bai. (La ponctuation n'est pas toujours identique en chinois et en français, et ici l'ordre des mots diffère aussi.)

❼ 艹 est commun à 花, 荷, 藕 parce qu'il indique qu'il s'agit d'une plante ; 口 est commun à 高, 吧 ; 王 est inclus dans 玫 ; 子 est inclus dans 好.

Chapitre 3

❶ thé

❷ Ye Dong boit du thé.

❸ a. **cháhú**, théière ; b. **cháyè**, feuilles de thé ; c. **hē chá**, boire du thé, prendre le thé ; d. **Shànghǎi**, Shanghai (la ville)

❹ a. 一 **yī**, un ; b. 三 **sān**, trois ; c. 花 **huā**, fleur ; d. 茶 **chá**, thé ; e. 叶 **Yè**, (nom de famille) ou **yè**, feuille

❺ Je m'appelle Ye Dong.

❻ J'aime boire du thé Wulong. J'aime le Wulong.

Chapitre 4

❶ yángmáo (= « mouton-fourrure »)

❷ manger de l'herbe, paître

❸ La petite Ma veut aller à l'école. Les agneaux ont besoin de manger de l'herbe.

❹ 你要吃什么？**Nǐ yào chī shénme ?** Qu'est-ce que tu veux manger ?

❺ Quel(s) plat(s) voudrais-tu manger ?

❻ 神农尝百草。**Shén Nóng cháng bǎi cǎo.** Shen Nong goûtait toutes les plantes (= « les cent plantes »).

❼ S pour 三 **sān**, trois et 四 **sì**, quatre ; SH pour 什么 **shénme ?** quoi ? quel ? qu'est-ce que ? ; C pour 草 **cǎo**, herbe et 菜 **cài**, plat, légumes ; CH pour 吃 **chī**, manger et 尝 **cháng**, goûter (à quelque chose).

Chapitre 5

❶ 蒋爷爷 **Jiǎng yéye**, Grand-père Jiang ; 蒋国强 **Jiǎng Guóqiáng** (nom complet du grand-père) ; 手机 **shǒujī**, téléphone portable

❷ Ma famille habite à Pékin. / J'habite à Pékin.

❸ **Beiyu :** Maman, je vais chez Grand-père.
Mère : D'accord.

❹ Grand-père, ta bouillie de millet sent très bon !

❺ Hier soir, j'avais très envie de manger de la bouillie de millet aux pommes !

❻ 你想吃苹果小米粥吗？**Nǐ xiǎng chī xiǎomǐzhōu ma ?** Est-ce que tu as envie de manger de la bouillie de millet ?

❼ J'habite au bâtiment 7A et Grand-père au bâtiment 7B, c'est tout près (et) très pratique.

❽ Veuillez consulter le lexique français-chinois p. 119.

Chapitre 6

❶ Je vais au musée de Shanghai.

❷ 白玉 **bái yù**, jade blanc ; 蓝天白云 **lán tiān bái yún**, ciel bleu et nuages blancs

❸ Pan Xiaoyu a appris le français. Lilou veut apprendre le chinois.

❹ Des bijoux en jade blanc, est-ce qu'il y en a ?

❺ 您想看什么？ **Nín xiǎng kàn shénme ?** Que désirez-vous voir (= « regarder ») ?

❻ 1er ton : **chī**, manger ; **hē**, boire / 2e ton : **xué**, apprendre, étudier ; **lái**, venir / 3e ton : **yǒu**, avoir ; **xiǎng**, avoir envie de ; **mǎi**, acheter ; **zǒu**, marcher / 4e ton : **yào**, vouloir ; **jiào**, s'appeler ; **ài**, aimer ; **zhù**, habiter ; **kàn**, regarder ; **qù**, aller à ;

❼ 1. Allô ? Lilou ? 2. Oui, c'est moi. 3. Où es-tu ? 4. (Je) suis au musée de Shanghai. 5. Je t'attendrai à midi à la sortie du musée, je t'invite à déjeuner, d'accord ? 6. Volontiers !

SOLUTIONS

Chapitre 7

① Aujourd'hui c'est dimanche, demain ce sera lundi. / C'est dimanche aujourd'hui et lundi demain.

② Aujourd'hui, Wang Helin fait (= « écrit ») de la calligraphie.

③ **Wáng yéye shì Dōngběirén.** Le grand-père Wang est une personne du Nord-est. **Wáng Hélín de māma shì Hénánrén.** La mère de Wang Helin vient du Henan. **Xiànzài Wáng jiā zhù zài Běijīng.** La famille Wang habite à Pékin maintenant.

④ 我很想看西安的兵马俑。**Wǒ hěn xiǎng kàn Xī'ān de bīngmǎyǒng.** J'ai très envie de voir les statues des soldats et des chevaux de Xi'an.

⑤ 爷爷，你去西安想看什么？**Yéye, nǐ qù Xī'ān xiǎng kàn shénme ?** Toi, papi, qu'est-ce que tu veux aller voir à Xi'an ? (= « tu aller Xi'an souhaiter voir quoi ? »)

Chapitre 8

① Où vas-tu ? – Je vais à Fangshan. C'est très loin !

② Est-ce que le métro pékinois est pratique ? – Oui, très.

③ Allô ? John ? Tu es où ? – Je suis à Zhoukoudian. – Ah bon ? Tu es en Chine ? – Oui, chez l'Homme de Pékin !

④ (1) **Běijīng** ; (2) **shàng wǎng** ; (3) **fāngbiàn** ; (4) **míngtiān** ; (5) **xiǎng qù Zhōngguó** (6) **Dǒng ma ?**

Chapitre 9

① Elle est journaliste.

② Elle va à Baotou aujourd'hui.

③ Il y a beaucoup de terres rares au nord de Baotou.

④ 方方也去包头西边。**Fāngfāng yě qù Bāotóu xībiān.** Fangfang va également à l'ouest de Baotou.

⑤ Allô ? Fangfang ? Tu es où ? – (Je) suis… dans un endroit moche.

⑥ 南北 **nán běi**, sud et nord ; 东西 **dōng xī**, est et ouest ; 远近 **yuǎn jìn**, loin et près ; 来去 **lái qù**, venir et aller ; 好看难看 **hǎokàn nánkàn**, joli et laid

⑦ Fangfang sait que les terres rares sont des poisons (= « avoir poison »). Elle ne se sent pas à l'aise à Baotou (et) veut rentrer chez elle demain.

Chapitre 10

① Tu utilises trop d'eau par mois ! (= « trop beaucoup »)

② Qibao ne veut pas utiliser des briquettes de charbon.

③ Comment tu t'appelles ? (= « tu t'appelles quoi ? ») – 我叫七宝。 **Wǒ jiào Qībǎo.** Je m'appelle Sept Trésors.

④ Qibao, tu travailles ? – Non, je n'ai pas de travail, et pas d'argent non plus (= « aussi »), j'ai seulement un chat.

⑤ C'est la photo de mon chat, il est en train de regarder le cuiseur à riz. – Ha ! ha ! Le boulet de charbon regarde le cuiseur électrique !

⑥ Je suis originaire de Datong. Avant, mon père était mineur (et) maintenant il vend des fleurs.

Chapitre 11

① Il fait très chaud aujourd'hui.

② Tu es fatigué (ou pas) ? – Non, et toi ? – Moi, j'ai soif (maintenant).

③ Pengfei prend sa voiture pour aller à Leshan. Shandao rentre à Chengdu en minibus. Zining visite Dujiangyan en marchant.

④ 我们来三瓶啤酒。 **Wǒmen lái sān píng píjiǔ.** Nous allons prendre trois bouteilles de bière. 花生米有吗？ **Huāshēngmǐ yǒu ma ?** Des cacahuètes, vous en avez ?

⑤ Zining, c'était comment Dujiangyan ? – Très intéressant, mais il faisait trop chaud aujourd'hui…

Chapitre 12

① Comment faire ? – D'abord (il faut) écrire l'adresse en chinois.

② Ici, on peut aller sur Internet (pour) regarder la carte.

③ le 2 janvier ; le 6 mai ; le 12 octobre

④ 我们和他们有约会。 **Wǒmen hé tāmen yǒu yuēhuì.**

Chapitre 13

① Il pleut beaucoup ce soir (= « tomber grande pluie »).

② Xiao Du s'achète un parapluie au bord du fleuve.

③ 小杜在重庆找工作。 **Xiǎo Dù zài Chóngqìng zhǎo gōngzuò.**

④ Il y aura de la brume demain matin.

⑤ Tu peux prendre un taxi, il y en a un de libre là-bas.

Chapitre 14

① Liangyue (« briller-lune »), qu'est-ce que tu es en train de regarder ?

② Il fait très froid en hiver à Harbin, tu ne crains pas le froid ?

125

SOLUTIONS

3 Il y a une femme qui dit : « J'aime beaucoup ce sport (= je très aimer ce sport). »

4 你喜欢游泳吗? **Nǐ xǐhuān yóuyǒng ma ?** Est-ce que tu aimes nager ?

5 En été d'accord, (mais) pas en hiver !

Chapitre 15

1 L'aîné : (Qu'est-ce qui relie Hong Kong, Canton… ?) Tu le sais ? **Le cadet :** Oui je sais, c'est la rivière des Perles. **L'aîné :** Exact, c'est bien le delta de la rivière des Perles (= « perle-triangle »).

2 L'aîné : Il est né à Canton (et) maintenant il est américain.

3 Le cadet : Est-ce que Monsieur Bei (l'architecte Ieoh Ming Pei) est hongkongais ?

4 L'aîné : Frérot, je te pose une question : tu es d'où toi ? (= « tu es où personne ? ») **Le cadet :** Je suis chinois et hongkongais, j'habite à Shangshui.

5 港 **gǎng**, port ; 香港 **Xiānggǎng** (= « parfum-port »), Hong Kong ; 珠 **zhū**, perle ; 珠海 **Zhūhǎi** (= « perle-mer »), Zhuhai (au nord de Macao) ; 澳 **aò**, baie ; 澳门 **Aòmén** (= « baie-porte »), Macao ; 大 **dà**, grand ; 大桥 **dà qiáo**, grand pont

6 L'aîné : Peut-être que plus tard j'irai chercher du travail à Zhuhai.

Chapitre 16

1 Il a un problème à la jambe, il ne peut pas marcher.

2 Elle a un problème de nez : il n'est pas beau.

3 **Zhōngguó**, la Chine ; **Fǎguórén**, les Français (une personne française) ; **fǎwén**, la langue française ; **Déguórén**, les Allemands, un Allemand, une Allemande ; **déwén**, la langue allemande

4 Que veut dire (l'expression) « **Mǎmahūhū** » ? Comment dit-on en français ?

5 结婚是人生大事，不能马马虎虎! **Jié hūn shì rénshēng dà shì, bù néng mǎmahūhū !** Le mariage est la grande affaire d'une vie humaine, on ne peut pas y aller à l'aveuglette.

6 Ma mère dit : « Mon fils a 30 ans et il n'est pas encore marié (= ne pas etc.). »

7 La fille : Mon copain a acheté une petite voiture. La mère : Pour combien ? La fille : Aucune idée !

8 我女朋友 **wǒ nǚ péngyou**, ma copine

Chapitre 17

1 Quel âge as-tu ? – Je suis de l'année du singe… devine quel âge j'ai.

2 Je suis née en 2004.

3 (1) L'étranger : Je ne sais pas de quel signe je suis. (2) Le Chinois : En quelle année tu es né ? (3) L'étranger : En 2003. (4) Le Chinois : Alors, tu es du signe du mouton.

4 Hier, je suis allé sur Internet (et) j'ai regardé les singes dorés du Hubei, c'était très intéressant !

5 Par exemple : 我觉得这些猴子很聪明，也很好玩儿。**Wǒ juéde zhè xiē hóuzi hěn cōngming, yě hěn hǎowánr.** Je trouve ces singes très intelligents et très drôles.

6 1) **zuótiān**, hier ; 2) **jīntiān**, aujourd'hui ; 3) **míngtiān**, demain

Chapitre 18

1 Cette année, je suis allée prendre des photos à Shanghai en avril (et) j'ai photographié beaucoup de chiens. – Qu'est-ce qu'ils ont de drôle, les toutous shanghaïens ?

2 我家也有一只狗。**Wǒ jiā yě yǒu yī zhī gǒu.** (= « moi famille aussi avoir un CLASSIFICATEUR/ANIMAL chien »)

3 Ce grand chien porte aussi un imperméable parce qu'il garde la porte dehors.

4 (1) 你身体好吗? **Nǐ shēntǐ hǎo ma ?** Tu vas bien ? (= ta santé bon est-ce que ?) (2) 很好。**Hěn hǎo.** Très bien. (3) 你家的狗狗都好吗? **Nǐ jiā de gǒu-gǒu dōu hǎo ma ?** Tes chiens vont bien ? (4) 小狗身体好，**Xiǎo gǒu shēntǐ hǎo,** Le petit est en bonne santé, (5) 老狗病了。**lǎo gǒu bìng le.** le vieux est malade.

5 Mais qu'est-ce que c'est que cette bête ? C'est un chien ou un ours ? Ça fait très peur…

Chapitre 19

1 Le petit-fils ne sait pas encore nager, c'est pourquoi la grand-mère est très inquiète.

2 Tu es un garçon du signe du cochon, oui ou non ? Les petits cochons savent tous nager…

3 Ningzhen, tu as pris froid, va vite te coucher (= « aller dormir »).

4 (1) Ningzhen : 奶奶给我讲个故事，好不好? **Nǎinai gěi wǒ jiǎng ge gùshi, hǎo-bu-hǎo ?** Grand-mère, raconte-moi une histoire, d'accord ? (2) Grand-mère : 好。**Hǎo.** D'accord. (3) Ningzhen : 讲什么故事? **Jiǎng shénme gùshi ?** Quelle histoire (tu vas me raconter) ? (4) Grand-mère : 《猪八戒吃西瓜。》 « **Zhū Bājiè chī xīguā.** Le cochon Zhu Bajie mange la pastèque. (= « la pastèque entière pour lui tout seul… »)

5 **Nǐ dǒng-bu-dǒng ?** Est-ce que tu comprends ? **Hǎo-bu-hǎochī ?** C'est bon à manger ? **Nǐ chī-bu-chī zhūròu ?** Tu manges du porc ou pas ? **Zhū Bājiè huì-bu-huì yóuyǒng ?** Zhu Bajie sait-il nager ?

Chapitre 20

1 Ton jeans est sale.

2 **Tā yào xǐ zǎo, huàn yīfu, chī wǎnfàn, bú yào fàng niú yě bú yào tán qín !** Il veut prendre une douche, se changer (et) dîner, il ne veut ni garder les vaches ni jouer du qin !

3 J'ai faim (à présent). – Moi aussi j'ai très faim.

4 Je t'ai fait des raviolis au bœuf.

5 MATIN : 早上 **zǎoshang**, tôt le matin ; 早饭 **zǎofàn**, petit déjeuner ; par exemple : 吃面包 **chī miànbāo**, manger du pain ; 喝果汁 **hē guǒzhī**, boire du jus de fruit ; 上午 **shàngwǔ**, dans la matinée ; 喝咖啡 **hē kāfēi**, prendre un café
MIDI ET APRÈS-MIDI : 中午 **zhōngwǔ**, en milieu de journée ; 午饭 **wǔfàn**, déjeuner (de midi) ; 吃面(条) **chī miàn (tiáo)**, manger des pâtes ; 下午 **xiàwǔ**, l'après-midi ; 喝茶 **hē chá**, boire du thé
SOIR : 晚上 **wǎnshang**, le soir ; 晚饭 **wǎnfàn**, dîner ; 喝酒 **hē jiǔ**, boire du vin

TABLEAU D'AUTOÉVALUATION

Bravo, vous êtes venu à bout de ce cahier ! Il est temps à présent de faire le point sur vos compétences et de comptabiliser les icônes afin de procéder à l'évaluation finale. Reportez le sous-total de chaque chapitre dans les cases ci-dessous puis additionnez-les afin d'obtenir le nombre final d'icônes dans chaque couleur. Puis découvrez vos résultats !

	🙂	😐	☹			🙂	😐	☹			🙂	😐	☹
1. Bambous					8. Marbre					15. Delta			
2. Lotus					9. Terres rares					16. Cheval			
3. Thé					10. Carbone					17. Singe			
4. Herbes					11. Chengdu					18. Chien			
5. Millet					12. Xiamen					19. Cochon			
6. Jade					13. Chongqing					20. Bœuf			
7. Stèles					14. Harbin								

Total, tous chapitres confondus ....

Vous avez obtenu une majorité de…

EXCELLENT !

Vous avez acquis une base solide pour continuer en chinois !

PAS MAL.

Pour consolider vos acquis, il vous suffit de reprendre lentement les exercices que vous n'avez pas compris.

RECOMMENCEZ.

Votre travail a-t-il été trop rapide ou souvent interrompu ? Reprenez pas-à-pas depuis le début et vous arriverez à faire sourire nos bonhommes.

CRÉDITS ICONOGRAPHIQUES : DR : 11b, 13, 19h, 29, 31b, 40b, 48, 49 (gants), 50b, 59, 67, 81b, 83mg, 83md, 83d, 84, 87 – **Shutterstock :** 6gasix : 73 ; A-R-T : 31h ; andriano.cz : 83g ; andromina : 3 ; angkrit : 4 ; ankomando : 20h ; Antikwar : 81h ; Ara Hovhannisyan : 86 ; Azaze11o : 98 ; Cienpies Design : 97h ; Dashikka : 93 ; Faber14 : 28 ; feelplus : 40h ; Filip Bjorkman : 82 ; filip robert : 63 ; flower travelin' man : 97b ; Goodwaydesign : 65 ; honglouwawa : 74h ; Iconic Bestiary : 33 ; Iconic Bestuary : 61h ; Incomible : 19 ; Inkley : 102 ; Inspiring : 108 ; Jamesbin : 11h ; Jane Kelly : 68 ; jesadaphorn : 25 ; Jinpat : 57 ; jkcDesign : 53 ; jkcDesign : 62 ; Julia Tim : 106 ; justone : 45 ; K N : 18, 88, 96m, 96d, 107, 112h ; LanaN : 38h ; Lilanakani : 96, 99 ; liskus : 105 ; liskus : 15 ; Macrovector : 14, 52, 66, 69, 91b ; Malchev : 94 ; maraga : 109 ; Marish : 78 ; MaryCo : 42 ; Meilun : 91h ; MSSA : 80 ; MyClipArtStore.com : 72 ; mything : 27 ; Naddya : 5 ; Natalia Aggiato : 10 ; Olga1818 : 8, 9, 10b, 26, 41, 64, 92, 95 ; palasha : 32 ; palasha : 6 ; Pretty Vectors : 38b ; RedlineVector : 34 ; sahua d : 112b, 113 ; Sentavio : 110 ; Sentavio : 44 ; Speadthesign : 89 ; stockshoppe : 61b, 71 ; subarashii21 : 103 ; Tatiana Stulbo : 21 ; Tomacco : 56 ; Trikona : 51 ; Unixcon : 76 ; venimo : 101 ; Virinaflora : 50h ; Visual Generation : 54 ; wongstock : 74b ; WWWoronin : 36g, 36d ; yoshi-5 : 30 ; Yuzach : 20b ; Zubada : 13b – **Vecteezy :** 49, 55.

Conception graphique : MediaSarbacane
Mise en pages : Élodie Bourgeois
Réalisation : lunedit.com
© 2019 Assimil

Dépôt légal : juillet 2019
N° d'édition : 3888
ISBN : 978-2-7005-0825-3
www.assimil.com
Imprimé en Slovénie par DZS – juillet 2019